ピエール・ド・クーベルタン

オリンピック回想録

編集協力：大野益弘
装丁：板垣敏絵

ピエール・ド・クーベルタン　オリンピック回想録　目次

1　パリ会議とオリンピック競技大会の復活（一八九二年）

一八九二年十一月の夕方——正確を期するならば二十五日の金曜日。ソルボンヌの古びた大きな階段教室は、もしわたしの記憶が正しければ、大きく真四角な、薄汚れた淡い藤色の部屋であって、壁にしつらえられた二つの四角い凹みからは、おそらくはボシュエとフェヌロンであろう二人の高僧のおごそかな鼻がつき出していた。わたしはかつてこの陰鬱な場所で大学入学資格試験を受け、「創造的なイマジネーション」についてなにがしかの答案を書いたことがある。しかし、一八九二年のこの晩にソルボンヌに集まった連中の関心事は、まったく別のことであった。教壇の中央にかれらが見たのは、まっさらな胸当てと颯爽とした礼服を着た、当時の社交界の花形であったレオン・ド・ジャンゼ子爵である。有名であるばかりではなく、思慮に富み、信頼のおける人物であることを見込んで、わたしはかれに競技スポーツ連合の会長をお願いしたばかりのところである。その隣には総長のオクターヴ・グレアール氏とウラジミール大公の元帥であるオボレンスキー殿下がいたが、殿下はこの「記念祭」のスポンサーを引き受けてくれ、二日後にブローニュの森にやってきて、我らが若い選手たちに賞を手渡す手筈になっていた。そんなこともあって、階段教室に交互に飾られていたロシア国旗とフランス国旗には、それに先立つこと十か月ばかりの露仏同盟を思わせるものがあった。

いったい何の記念祭であったかというと、名目上は競技スポーツ連合の五周年記念であって、ヴィル・ダヴレイでの総会、ムードンでのフェンシングの試合やクロスカントリーに加え、著名な天文学者のジャンセンの提供にかかる素晴らしい昼食会で締めくくられる一連のイヴェントが挙行された。当時、われわれは文壇や学界や政界の重鎮たちに協力者を有しており、ヴィクトル・デュリイ、ジュール・シモン、ジョルジュ・ピコをはじめとする面々は、一八八八年にわたしがはじめてこの仕事に取り掛かった当初から支持を与えてくれていた。かくてUSFSA（フランス競技スポーツ協会連合）の五周年という次第となったのであるが、ところがあに図らんや、祝福の対象となる子どもはすり替えられていたのだ。たしかに五年前の同じ日に、パリにあった二つの小さなクラブが集まって、ささやかな昼食を共にしてフランス徒競走協会連合を結成している。そしてこの時すでに、ジョルジュ・ド・サン・クレールによる素晴らしく大胆な尽力のおかげをもって、スタード・フランセは、どうにかテュイルリー公園のオレンジ温室で、日曜の朝に徒競走を行う許可を得ていたのであるが、クロワ・カトランのレーシング・クラブから同意が得られるかは微妙なところであった。しばらくののち、わたしは実情の確認のために市役所におもむかねばならなかったが、その回答を見てサン・クレールとわたしは唖然としないわけにはいかなかった。曰く、協会がこの優美なる地所に競走路を建設することは差し支えないが、「役所からの要請があり次第、速やかに撤去して原状復帰すべきこと」往時の官僚連中の対応たるや、かくのごとし。かれらにしてみれば、われわれがこれから育んでいこうとする事業の関係者たちなどは、明らかに正気を失った連中と見えたに相違ない。

それはともかく、「洗礼のやり直し行為」に藉口して、こうした祝祭を企画する機会を得たのであるから、われわれは、はなはだ乏しかった予算の中でも、これを可能な限り豪華なものとすることにつとめた。何かにつけ揚げ足を取ろうとするジャーナリストなどに至っては、しきりに公文書の写しの開示を求める有様であった。ソルボンヌの夕べは、この祝祭の中の知的なパートを構成し、ラ・マルセイエーズとロシア国歌、そうして連合をたたえる頌歌が奏でられ、体育史に関する三つの講演が行われた。ジョルジュ・ブールドンは古代について、のちにワシントンのフランス大使になるJ・J・ジョスランは中世について、そしてこのわたしが近代について語ったのであった。

わたしの講演では、結語にあたって来たるべきオリンピック大会の復活についての強い決意を表明することで、聴衆の度肝を抜こうと考えた。さて、どんなものか。わたしはさまざまな反対が起こることを予想していたが、それは見事にはずれてしまった。反論も抗議も皮肉も出て来なかった。ましてや無視などもなかった。まったくその反対である。人々は喝采し、賛意を表し、大成功となることを祈ってはくれたが、誰も真意を理解してくれなかった。完璧な、絶対の無理解である。この無理解は、その後も長く続いたのである。

わたしは、その四年後のアテネの第一回オリンピック大会の会場で、アメリカ人女性が微笑みながら声をかけてきたことを思い出す。「わたくし、以前にもオリンピックを見たことがありますわ」「本当ですか？　いったいどこで？」「サンフランシスコですよ」。当惑するわたしを見ながら、かの女はつけ加えた。「たいそうすばらしくて、シーザーも出ていたんですよ」すなわち、かの女はアルマ通りの曲馬団やロンドンあたりで催されるような野外仮装大会のことを指していたわけで、オリンピアとは大昔のなにかしら愉快な事柄を指し示す言葉なのであった。わたしと一八九二年の聴衆との間にも、このような強固な隔たりがあった。いかに好意に満ち溢れていようと、かれらはわたしの真意を捉えるには至らなかった。魂からも生命からも、原理原則からも引き離され……その古代の諸形態は封印され、千五百年この方、墓場に眠り続けて、すっかりと忘れ去られてしまったオリンピズムというものを理解するには至らなかった。

それゆえ、わたしの立場は孤立した、居心地の悪いものとなった。巨万の富でもあれば打開の道は見つかろうものの、若いわたしの資産はささやかなもので、フランスのリセを集めた学生スポーツ連盟の結成を援助したり、そこかしこで望ましいイヴェントを開催したりするだけで精一杯である。それを国際的に展開するにはどうしたらよいものか。また資産もなしに、いかにそれを維持していけようか。

いまひとつの無理解は、スポーツ当事者の側にあった。他の競技との協力ということが分からないのである。いまとなっては、当時の状況を想像することは難しいだろう。じっさい、少し考えてみれば、異種の競技が、お互いに相手を排除しあうということなど、説明がつこうはずがない。それらは、筋肉を動かすという悦びと、その前提となる身体の育成という共通の基盤の上に成立しているからである。各競技の精神生理学の支柱も同一である。しかし、十九世紀の競技者たちは、ある競技の技法は他の競技の技法とまったく相反するものであると深く信じ込んでいた。フェンシングの選手がボクシングをするのは上達の妨げとなり、漕艇の競技者は鉄棒をいかがわしいものとみなす。馬術の選手から見ると、陸上競技や蹴球などは、思うだに唾棄すべき事柄であった。当時、競技としての黎明期にあったテニスと、そして水泳は、この種の猜疑心を招くことがなかったが、それは、前者は優雅な娯楽とみなされていたからであり、後者は健康全般によく、事故の際の安全確保や人命救助にも役に立つという理由から奨励され、軍隊で習得されるならわしであったからである。

各競技の代表者たちが、ひとつの共通の目的のもとに集まるというのは、わたしが学生スポーツの普及振興を目的とする委員会設立を呼び掛けるまでは、まったく見られなかったと思う。その一年後、一八八九年の競技組織委員会の会議は、わたしがリストを作成して、かれら代表者たちを公共教育省のもとに、今度は公式に呼び集めたものである。代表者たちは、ある種の当惑と笑いをもって、互いに顔を見合わせたものだ。しかし、いずれにしても、ここまでは学生対象のはなしである。「教育の領域」のみで事は済まされたのである。オリンピック大会ともなると、はなしはまったく異なってくる。交渉には、大人の事情がからんでくるのである。

一八九二年から一八九三年にかけての冬の間、オリンピック復興という考え方は、とくに世論に大きな反響を起こさなかった。何かしら話題にのぼったとしても、わたしはその裏に曲馬団の仮装行列のイメージが透けて見えるような気がした。半可通たちに至っては、新たに復活した大会を女性は観戦できるのかね、古代のある時期のように全裸で競技するのなら、「弱き性」は競技の場から締め出した方がいいんじゃないか、などと問いただすことに大きな喜びを見出す始末である。

わたしの目論見は、すでに一八九二年の会議の前から、国際会議の成功を確信させる程度には大きな影響力をもつ着想の上に基礎を置くものであったから、政府や大学が公式の代表者を送り込んでくる程度の協力は期待できるものと、おめでたくも考えていた。こうなって見ると、攻め方を変えねばなるまい。どうしたものだろう。

わたしは、会議開催の方針を変更しないことはすぐに決断したが、何か仕掛けが必要だろう。フランス競技スポーツ協会連合の記録カードの中に（協会はよい新製品を採用する方針で、創立直後からすでに記録カードシステムを取り入れていた）Ａｄ・ド・パリッソーの提案になる、アマチュアスポーツの規定を定めるための国際会議開催というプランがあった。かれは、草創期の功労者のうちでも、もっとも献身的で、説得力のある人物の一人であった。当時親しかった仲間たちを思う度に、しばしばわれわれの間に立ち込めることのあった暗雲のことなどは忘れ、かれらとの間の純粋な友情というものを思い出すのである。パリッソー、ポール・シャン、ガストン・レイモン、ギュスターヴ・ド・ラフルテ、マルカデ、エウッド。かれらは、わたしと一緒にパリ周辺の森を横切るはじめての道筋をつけていったのだ。また、いささか薹《とう》のたった生徒学生たちの面々として、フランツ・レシェル、ルイ・デデ、フェルナン・ブアッソン、ジョルジュ・アビラン、アルチュール・ロワたちが開拓期の仲間たちであり、わたしがそのリーダーなのであった。

アマチュアリズム、この生けるがままの驚異のミイラは、エジプトのブーラク博物館に持ち込んで現代の防腐処理《エンボーメント》を施させることもできたろう。しかし、過去半世紀間というもの、いろいろな措置が取られるということも絶えてなかったし、復活の兆候も見られない。われわれ仲間たちは皆、そんなに悠長なこともやってはいられないと思っていた。この件について取り組むにあたって、われわれは五年もあれば十分に片が付くであろうと考えた。しかし、わたしにとって、この会議の計画は何よりも、わたしへの批判に対する貴重な盾を構成するという意味において重要なのであった。そこでわたしは企画書の準備稿を作成し、一八九〇年の発足時とは様変わりしたフランス競技スポーツ協会連合の会議において承認を得た。以後、連合は評議会と委員会をもち、それらには固苦しい区分けはなく相互乗り入れを行っていた。それは、いわば一種の双面神で、その片方の面はジョッキー・クラブに向かい、名誉会員たちから二十フランなりの年会費を徴収するというものであるが、いまひとつの面はプチブルジョワに向け――こちらはこちらで熱心な実働部隊の供給源であって、かれらの子どもたちの肉体労働の提供を受けたわけである。この種の階級間の連合は、「指導理念」がなければ維持が大変であるが、わたしにとってはそれが楽しみであった。わたしが成功を目指して取ったやり方に注目した若いジャーナリストが、「なりふり構わぬ使徒のめずらしい一例」として紹介を行った。当時のフランスにあっては、斜に構えた態度をとるか、「結実せしめるべきと思惟せられる重大な計画」といった言い方をするかのいずれかが必要であったのだろう。

一八九四年の会議の企画書は、わたしが目を通して英仏二か国語版を作成したが、そのためにおよそ十か月を要してしまった。指導的な立場を持つのは、不動の三位一体としての三人の発起人である。ロンドンの国際アマチュア体育協会事務局長のC・ハーバートが大英帝国の領域、プリンストン大学教授のW・M・スローンがアメリカ大陸の領域、そして、かく申すわたしがフランスと欧州大陸の担当である。この暫定的な地理上の区分けを取ることによって、広報活動は容易となった。まず、この二人が仲間になってくれたことで、わたしの仕事ははかどるようになった。ハーバートは寡黙な人物ながら、たいへんに親切で、国際アマチュア体育協会の管理者として、広範な広報活動網を組織してくれた。スローンは、すでに高い評判を得ていた人物であるが、その地位はアメリカ大陸全体の大学の間にわたりをつけることができるようになった。かれがアメリカの競技界を掌握していて、かれなしには何もできないことは、すでに一八八九年に確認済であった。

企画原案には、三人の発起人の名前に続いて次の八項目が記されていたが、これはまだ、どこにも再録されたことはなかったと思う。

一　アマチュアの定義：この定義の基礎づけ――国際的に共通な定義の可能性とその効用について

二　出場停止、資格喪失と資格の回復――その理由となる事実とその裏づけを取る方法について

三　アマチュア規定を他競技に適用することは妥当か――たとえば賞金目当ての馬術競争とクレー射撃といった相異なる競技の間で、ある競技のプロを他の競技のアマチュアと見ることができるかという問題について

四　賞品としての「芸術品」の価格に制限を加えるべきか――その獲得した賞品を転売した者に対していかなる処分を与えるべきかについて

五　観覧料に由来する収入の正当な使用について――この収益は協会に分配されるべきかあるいは選手に分配されるべきか。選手に旅費は支払わるべきか。選手自身の負担に対する補填はどの範囲で認められるべきか。また、招聘側の協会の負担となるべきか、選手が所属する協会の負担となるべきか。

六　アマチュアの一般的定義はあらゆる競技に等しく適用されるべきか。――あるいはそれを自転車競技、漕艇、陸上競技等に関わるものといった、特定の競技に関わるものとみなすべきか、について

七　賭けについて――それはアマチュアリズムと両立するものか。――また、その目に余る横行を防ぐための方法について

八　オリンピック大会復興の可能性について――どんな条件のもとで、大会を復興できるか。

案内状の決定稿が印刷されたのは一八九四年の初頭で、内容は改善され、より詳しいものとなった。そこには、会期は一八九四年六月十六日から二十四日であり、六月十六日にソルボンヌで行われる開会式の議長は、上院議員で元在ベルリン大使であるクールセル男爵であることが記された。(当初は、当時外務大臣を務めていたカシミール・ペリエ氏に依頼して快諾を得ていたのだが、のちに辞退を申し出られ、代わりにクールセル氏を紹介してきたのであった) 名誉職としての副会長にはイギリス、アメリカ、ベルギー、スウェーデン、ハンガリーなどから八人が名を連ね、追加の役員としてフランツ・レシェルが新聞雑誌等への広報を担当したが、いくつかのイヴェントの告知は、まだ確定していなかった。案内状には、新たに二項目が追加された。特筆すべきはそれが二

部構成となったことで、第一部は「アマチュアリズムとプロスポーツの問題」と題して先に挙げた項目の七項目までを取り上げ、第二部は「オリンピック大会」の名のもとに先の八項目に加えて、次の二項目を追加した。

九　参加選手に課されるべき条件について――競技種目――具体的な組織や開催期間等について

十　復興を準備するための国際委員会の任命について

こうして、ようやく規則が確定したわけであるが、わたしは「参加する連合や協会が採択された決議に拘束されるものではないこと」を明示して、そこにできるだけ調整を加えることのできる余地を残しておいた。文言は、ある種のゆるぎない印象をまとっていたが、その内実は、堅固さとは遠くへだたるものであった。要するに、わたしは、ただちに成功が得られるという確証をもたないままに、ひとつの冒険に踏み出したわけである。

一八九四年の秋に、わたしは四か月のアメリカ旅行に出発した。シカゴの万国博覧会の見学に長い時間を費やしてからカリフォルニアに滞在し、それからテキサス、ルイジアナを経由して、ワシントンやニューヨークへ戻ってくるという行程である。シカゴでは、贅を尽くしたアスレティック・クラブに宿を取り、またサンフランシスコではオリンピック・クラブという因縁めいた名前の場所に足しげく通ったものだ。新たに訪れた大学でも、一八八九年にすでに訪れたことのある大学でも、わたしは熱烈な歓迎を受けた。もっとも、一八九〇年に上梓した『海の彼方の大学』という本の方は、いささか軽薄な筆致であるうえに内容の掘り下げ方も不十分であるといって、教授たちの受けは良くなかったが。いずれにしても、オリンピック競技復興という考え方についての共感は、十分な高まりを見せるにはいたらなかった。この考え方に共鳴してくれたのは、ひとり親友のウィリアム・スローンのみである。かれは、わたしの帰国前日に、ニューヨークの大学クラブで夕食会を催してくれたが、そこにはスポーツや歴史に造詣の深い面々を招いてくれていた。はなしは盛り上がり、列席者は真率な関心を抱いてくれたが、具体的に見ると、これも明らかな空振りではなかったか。

一八九四年二月にロンドンにおもむいた折にも、わたしは同じような印象をいま一度、強く受けたのである。ジョン・アストリー卿は、スポーツクラブに仲間たちを招いて、わたしのはなしを披露する機会を作ってくれたのであるが、集まった人数もわずかであれば、聞き手の反応もあまり興味がなさそうであった。しかも、早春になっても、特にこれといった支援の約束は得られなかった。だが、退却などはもってのほかである。いずれにしても、賛同者の数も少なく、確実な見込みも得られないという状態は、困難には違いないが、それでもニュージーランドやジャマイカ、あるいはボルドーやアミアンなど、わずかながらも、いたるところに賛同者は現われてきた。

二つの懸念があった。ひとつには、大学関係者が乗り気でなかったこと。わたしは、この企画の「古典に根差した」性格を際立たせるために、大学の代表者の参加を大いにあてにしていたのである。いまひとつは、ドイツが乗り気でなかったこと。当時、わたしはまだドイツに知人をもっていなかったが、イギリスやラテン系の国々——この言葉をわたしは当時よく用いたが、のちに不自然かつ不正確な言い回しであることを知らされた——との釣り合いから言って、ドイツによる支持は不可欠であると判断した。あるひとの紹介で、わたしはパリ在ドイツ駐在武官のあのシュヴァルツコッペン大佐を訪れることになった。のちにこの大佐は、悲運にもドレフュス事件に連座することになる。かれの勧めにしたがって、スポーツ界の大御所と言われるプロシアの大臣ポドビールスキー氏に二回手紙をしたためたが、反応は梨のつぶてであった。

このようにドイツをこの企てに引き込もうとしていると、今度はフランスの体操団体連中が参加を引き上げかねないという有様で、いずれにしても熱意というものからはほど遠いのである。一八九四年五月十五日には、クペルスがベルギーの体操界の拒絶の旨を辛辣な言葉で返答してきた。「われわれの協会は、体操とスポーツが相容れないものであると、これまでもつねづね信じてきましたし、いまもそう信じています。そして、体操はその諸原理において両立しがたいものとして、つねにスポーツと闘い続けてきたのです」この点に関するわたしの意見は、すでに固まっている。このような考え方がばかげているとわたしは思うが、それではどのように働きかけることができるのだろうか。フランス体操協会は賛同してきたが、サンブッフ氏は、もしドイツが参加するようなことがあれば代表を引き上げるぞと脅してきた。不愉快なばかりではなく、屈辱的な仕打ちである。一八七〇年の普仏戦争勝利者に対して、いまだにこの種の反感を執念深く持ち続けていることに、わたしは憤慨した。じっさい、こんな具合に拳を振り上げるようなやり方を改めようとしないのは、フランス的ではないし、騎士道的でもないし、フォントノアの大勝利（訳註：オーストリア継承戦争の中の有名な会戦で、ヴォルテールの詩によって騎士道精神にもとづくフェアで理想的な戦いの実例として描かれた。）の精神にならうものでもない。父の世代は、はたして「戦間期」についてこんな態度を取ったのだろうか。わたしの若いころに、この種の偽りの、いやしい愛国心がわたしの世代に対して押しつけられたことは、数えるほどもなかった。セダンでの敗戦の影が差していたとはいえ、わたしは負けに対する引け目を感じたことはなかった。一八七八年の覚醒（訳註：第三共和国憲法擁護の動きが高まり、翌年一月の選挙で共和主義体制が確定したことを指す。）はわたしを啓発し、一八八九年の大転回（訳註：選挙に圧勝したブーランジェ将軍がクーデタ敢行を思いとどまって失脚したことにより共和主義体制の危機が回避されたことを指す。）はわたしを自由にした――国家の可能性という概念と、過去を恥じることなく、しかしその過去とは異なった未来に対する信頼というものをわたしにもたらしながら。

会議は近づいたが、事態に進展はなく、言ってみれば、深いもやの中に幾筋かの光が見えているといった塩梅である。わたしが、自分の周囲に小規模なオーケストラを集め、その団員たちの目はわたしの指揮台を注視して、演奏開始の合図を待機しているが、これから何が演奏されることになるかは十分に知らされていないといったところか。わたしの尽力はすべて、開会式とデルフォイの遺跡で発見された「アポローン讃歌」合唱の初演に向けられた。ガブリエル・フォーレは、誠実にその準備に協力してくれた。

唐突に、会議の名称は変更となった。「オリンピック競技大会復興会議」という文字が招待状に記されていた。その一通は、ローザンヌのオリンピック博物館に展示されている。正面にピュヴィ・ド・シャヴァンヌの壁画「聖なる森」を配したソルボンヌの大きな階段教室（今度は新しい教室）の重厚な雰囲気の中で、クールセル男爵の規矩備えた開会の辞につづき、ジャン・エカールの美しい讃歌の朗読とテオドール・ライナックの学問的な論説との間に流れた「アポローン讃歌」の聖なるハーモニーは、多くの列席者たちに、当方の期待どおりの盛り上がりをもたらした。はるかなる時代の隔たりをつらぬいて奏でられた古代の響きは、ある種の微妙な共感をその場にひろげた。いわば、ヘレニズムが大きな会場の中を満たしたのである。この最初の数時間で、会議は成功した。以後、意識すると否とに関わらず、オリンピック競技大会の復活に反対票を投ずる者がないだろうということが、わたしには分かったからである。

事実、六月二十三日の最終会議では、反対意見なしに宣言は採択された。会議の参加者たちは、誠実な仕事を行った。二部会に分かれ、かたやアマチュアリズムを、かたやオリンピズムを論じたのであるが、前者の議長はフランスレーシングクラブ会長のミシェル・ゴンディネが、後者の議長は汎ギリシア体操協会代表のD・ヴィケラスがつとめた。前者の副議長は、W・M・スローン教授と全英自転車競技協会代表のR・トッドで、後者の副議長はフランス乗馬協会代表のカラヨン・ラ・トゥール男爵である。それから書記には、ボルドー競技団代表のM・M・A・マンジョと大使館書記官にしてイル・ド・ピュトー協会代表のモーリス・ボレルという面々である。

議事はたいへん順調に進行した。テクニックやアマチュア規定の問題では、大変興味深い議論が行われ、議長は一委員として発言を行うために、何度も議長席を離れたほどである。

オリンピック競技については、ほとんど議論が交わされることもなく、わたしの意見が通って行った。わたしは基本的な諸方針を次々と投票で可決させていったが、これらはかねてよりわたしの心の中で固まっていたものである。すなわち、四年ごとの大会開催、競技種目は近代競技に限ること、学齢期の児童生徒の排除（ヴィケラスとスウェーデンのバリは児童の競技を加えることを望んだが、実現が困難であるうえに危険でもあると、わたしは判断した）、そうして、原則として恒常的で安定した組織をもつ国際委員会を設置し、その委員たちはそれぞれがみずからの国におけるオリンピズムの代表者たるべきこと、である。

アテネで一八九六年に開催すると決定したことは、わたしの当初の目論見とは異なっていた。それは、当時の多くの人々と同様に、わたしもまた、復興して、独立を果たしてから日も浅いギリシアの国力を見くびっていたからであり、ギリシアで国際的なスポーツ大会の幕開けにふさわしいものを挙行できるとは思ってもみなかったからである。

わたしは、最初の大会を二十世紀の初年にパリで開催しようと考えていて、一八九四年六月十五日付の『ルヴュ・ド・パリ』誌では、大会はまったく「ギリシア趣味に浸りきった」ものとして挙行されるべきだと主張した。しかし、D・ヴィケラスと話を交わすうちに、わたしの意見は変わった。かれは、初対面の時から大変な好印象を与える人物であった。かれもまた、アテネ開催を望んではいたが、同時にギリシアをこの冒険に引き込むことの責任の重さを考えて躊躇するところもあった。われわれはお互いを鼓舞し、そして喝采を以ってアテネに決定されたのである。

大会を毎回別の国で開催するという原則は、大きな反対もなく承認された。これは必要不可欠であった。すなわち、同じ国で開催し続けるとなると、どこの国でも開催経費の負担に耐え切れなくなる。いずれにしても、ギリシアなどは、インフラの面でも財政面でも論外ということになってしまう。

ＩＯＣ委員の構成については、すべてわたしの思い通りにすすめられた。委員候補者のリストは異議なく認められた。メンバーは以下のとおり。ギリシアにはヴィケラス、フランスにはカロとわたし、ロシアにはボウトフスキー将軍、スウェーデンにはバルク大佐、アメリカ合衆国にはスローン教授、ボヘミアにはイリ・グート、ハンガリーにはFr・ケメニー、イギリスにはC・ハーバートとアムティル卿、アルゼンチンにはツビアウル教授、ニュージーランドにはL・A・カフ。そしてイタリアには暫定的ながらルッケシ・パッリ伯爵、それと、ややしばらくしてベルギーにマックス・ド・ブージー伯爵。ほとんどパリ会議に出席していない面々から選出していることに注意を向ける者はいなかった。かれらの名前は「会議の名誉委員」の長いリストの中に見ることができたし、ひとかどの人物として知られていたし、仕事の都合による欠席と思われていたからである。委員会の発足当初の間、わたしには自由に裁量を行う必要があった。錯綜した問題が次々と起こりうるからである。いずれにせよ、成果を上げる場合にも、方針を変更する場合にも、舵をしっかりと握っておくことが望ましい。人間の心の動き方は、かくのごときものである。

2　ギリシアの「征服」（一八九二年～一八九六年）

会議閉会後あまり日を経ずして、われわれ――スローンとE・カロとわたしは、パリのバビロン通りにあるヴィケラスの寓居に集まった。ここに、IOCの組織の基礎が固まった。ヴィケラスは、会長職就任に乗り気ではなかったが、わたしは、会長職は次期開催国の人間が代わる代わる就任するというアイデアをもっていた。国から国へと持ち回りで開催されるという性格を明示して確定しておくことが、もっとも重要だと思われたのである。ヴィケラスは、一八九六年末までは会長職を全うすべきであり、それからの四年間をわたしが引き継ぐのである。その間、わたしは事務局長を務めるが、これは他のほとんどの役員職よりも面白く、しかも実際の運営上の要をなす職務である。

こんな具合にして、わたしはUSFSA（フランス競技スポーツ協会連合）の性格をフランスの体力増進のための基石たるべきものに変えるべく働きかけた。わたしが信頼する会計担当のエルネスト・カロは、わたしより年長で、文学に対してもスポーツに対するのと同様の深い造詣をもち、われわれの気宇壮大な構想を共有する人物であった。さて、わたしはIOCの表看板にあたる部分の構想を公にしたものの、計画の完成に拙速は慎むべきであるが、遅延も論外である。そして、委員会メンバーには、個人なり団体なりの「代表」によってヒモつきとなることを避けるために厳正なる中立という防具をまとうことを求め、また、どの方面からくるものであろうとも「補助金」は辞退する。「屋台骨が心許ないなぁ」とヴィケラスはつぶやいた。かれらとて、輝かしい名を冠する団体の将来をしっかりと固めて行くためには、このようにする必要があることは十二分に承知していたが、具体的にあてにできる財源もなければ、世論の強い支持を得るに至っていたわけでもなかった。「アポローン讃歌」を聞いた二千人の聴衆は、スポーツ関係者よりも芸術畑の人が多かったし、会議の結論も、カルノー大統領暗殺事件の印象によって上書きされてしまった。

また、われわれは全競技種目を対等に扱うことで合意した。すでに六月十九日と二十二日の会議の席上で、いわゆる「マイナースポーツ」は「メジャー競技」の付録的な扱いを受けるべきだという意見が出たのに対して、わたしはこれを退けたのだが、この問題はその後もしばしば持ち出されることになるのだった。

これらの重要な決定事項は、季刊の会報の第二号の紙面に、ただちに反映された。この記事の要点を次に抜粋してみよう。「われわれの構想の性格を明示することが求められている。その回答は、以下のとおりである……何世紀にもわたって姿を消していた行事を復活させるにあたって、われわれが思うのは、スポーツの重要性が、年を追うごとに高まっていることである。その役割は、古代でもそうであったように、現代でも重要かつ永続的なものとなるに違いない。しかもそこには、新たな性格が加わっている。それは国際的であることと民主的であることで、これは現代の思想と時代の要請にふさわしくなるための適合である。しかし、古代においてと同様、現代においても、その行動が好ましいものとなるか忌まわしいものとなるかは、その用い方次第であり、どのような方向を目指すかによって左右されてしまうのである。

スポーツはもっとも気高い情熱になりうるが、もっとも卑俗な劣情にもなりうる。公平無私や名誉を尊重する心をはぐくむのと同様に、私利私欲を刺激することもある。騎士道か、はたまた腐敗堕落、雄々しさか、はたまた獣じみたふるまい。そうして平和を確固たるものとするためにも、戦争を準備するためにも用いうるのである。さて、感情の高潔さ、無私と名誉の尊重、騎士道的精神、雄々しい活力と平和――これらこそ、たとえ政治体制が共和制であれ君主制であれ、現代民主国家が何よりも必要としていることである。……」

夏の半ば頃、かねてより委員として目星をつけていたが、事前に内意を問うていなかった面々からの承諾が得られたことによって、ＩＯＣは組織された。九月四日にはクライストチャーチのＭ・カフから、九月十五日にはナポリのアンドリア公爵からの確約が得られた。十二か国が船出にあたってのメンバーで、ここにＩＯＣは機能しはじめたのである。それが「委員会内部で後任を選出する団体」であること、あたかもヘンレイ・レガッタの組織機構のごとしである。しかし、三十年を経た今日でもそうなのだが、当時からIOCは三つの同心円で成り立っていた。小さな「核」に位置するのが、実際の仕事を受け持つ確信をもった面々、つぎがオリンピックに対して好意的で、教育によって中心に移りうる「予備軍」の面々、そうして一番外側は、有用性の多少はあれ「表看板」となる面々で、かれらがいることによって、国の要求が満たされると同時にIOCにも威信がもたらされるのである。

秋にヴィケラスはアテネに向かったが、それに先立って然るべき知人たちに「会報」の創刊号を同封した私信を送付しておいた。十月四日に届いたかれからの手紙に曰く。「ブリンディジからここに至るまでの間に話を交わしたギリシア人は、ことごとくオリンピック大会のことについて喜びをもって語っておりました」『ル・タン』紙のギリシア特派員もまた、同様の歓迎ぶりを伝えていた。翌日、次の手紙が届いた。ヴィケラスはトリクーピス首相に会って、首相はこの件が持ち上がらなかった方が「好ましい」とは思っているものの、「然るべく処理している」ように見えたという。ヴィケラスはザッペイオン委員会の招集を提案した。この委員会は、この名前をもつ遺跡とそれに隣接する競技場の廃墟とを管轄下に置いている。

そうこうする間にも、わたしは詳細にわたる大会プログラムの編集を急ぐために、さまざまな資料を収集した。七月二十六日には、パリのリセ・モンテーニュの教師で、ヴェテランの体操指導者であったG・ストレリイから、(懸案事項のひとつであった)体操の個人競技について提案を受けた。すなわち、体操競技には鉄棒をはじめとするすべての器械運動も含まれるべきである。これは正当な意見である。三十五年を経た今日でもなお、わたしはこの考え方の強調のために論争をしているのである。それから、ロンドンからハーバートが競走競技に採用されるべき距離についての提案を送ってきた。

さらには、UVF(フランス自転車連盟)の役員会から自転車競技について次のような提案を受けた。すなわち、種目は前走者なしに二キロを全力疾走するものと前走者をつけて一〇〇キロを競走する二種のみである。英国自転車連盟は、いささか分別を欠き、一マイルと一〇キロと一〇〇キロの競争に加え、「たとえば十二時間でどこまで走れるかというタイムレース」の提案であった。そうして、わたしの求めに応じてプランを練り上げたフェンシング振興会の提案は、アマチュア選手とその指導者による競技というものであった（リーグ予選によるフルーレ競技のみ）

これらの資料を大きなトランクに詰め込んで、わたしはマルセイユ行の急行に乗り、そしてピレウス行のオルテガル号に乗船した。不安とともに喜びを感じつつ――しかし、不安よりも喜びの方が大きかった、何かの行動を取る直前のわたしの常として。海上では、ザッペイオン委員会会長エチエンヌ・ドラグーミスによる長文の凶報が、わたしと行き違いになっていた。これは、ヴィケラスが余儀なくアテネを後にしなくてはならなくなってから、かれの出発後にわたし宛に書かれたもので、残念な結論は委員会と会長自身によって決定されたものである。手紙の要旨は、丁重な言葉でわたしの訪問を謝絶し、わたしにオリンピックの計画の断念を求めるものであった。

ピレウス到着は夜のことで、おごそかな静寂が支配するデッキの上で荘厳な一夜を明かし、明け方に上陸すると、何人かの信奉者たちからの歓迎を受けて、かれらとはすぐに友人となって、いにしえの競技場のほとんど跡をとどめていない遺跡への巡礼におもむいた。広大な斜面からは大理石の装飾がはぎとられ、今ではなにがしかの残骸が残っているにすぎないが、それでもそこは、かつて選手たちが通って行った名高い通路だったのである……忘れがたい、光輝に満ちた時間である。ホテルに身を落ち着けるや、フランス代理大使モールアールの訪問を受けたが、かれがいる最中に、首相のトリクーピスが、一切の外交儀礼を踏むことなしにやってきた。わたしとの接触を急いでいるように見えたし、おそらくは、かれが加えてくる圧力に対してわたしがどの程度抵抗できるものか見定めようとする意図もあったのだろう。あとになって分かったことだが、かれは何がなんでも計画を妨害しようとしていたのである。財政面の憂慮のみが反対の理由ということだが、わたしの見たところ、それは唯一の理由ではない。

当時のギリシアが困難な状況下にあったのは事実である。首相の懸念は、巨額の債務返済のために緊縮財政を取っている最中に、この種の「贅沢な出費」を行うことが債権国に対して抱かせる疑念である。わたしは、出費はそんなにかさまないだろうと言って反論した。トリクーピスは繰り返した。「どうぞ、じっくりと御観察のうえ、御検討ください。ギリシアの現状は、皆さんがわれわれに託そうとしている使命を果たすに足るほどの資産を欠いていることが御理解いただけるものと確信しております」

それからの数日というもの、わたしはアクロポリスにおもむくことも、アテネ市内を見て回ることもできなかった。わたしはちょうど、対立する両政治陣営の間でやり取りされる試合上のボールのような格好になってしまったからである。デリヤニス率いる野党勢力は、オリンピック大会に対する熱烈な支持を表明した。新聞の論調もまっぷたつに分かれ、激しい論争が繰り広げられた。わたしは、新たに仲間となったゲオルギウス・メラスというアテネ市長の息子や、アレクサンドル・メルカティという銀行の頭取の子息にして皇太子の御学友の導くところに従って、政治家やジャーナリストたちへの訪問に時間を費やした。

四輪馬車の御者が御者席から降りて、親しみのこもった口調でゲオルギウス・メラスに言うには「ゲオルギウスの坊ちゃん、坊ちゃんのお友だちがトリクーピスをどう扱うべきかについて御教授いたしましょうか」学校で習ったわたしのギリシア語が、ほとんど使い物にならなかったのには閉口した。ことに発音が学校の古典ギリシア語とは違うのだ。しかし、当時はどこでもフランス語が通用したのである。わたしは、ギリシアがかくも活気にあふれ、自分自身の国柄というものをしっかりと保ち、もっとも古代を思わせるのと同時にもっとも現代的でもあることを見て、大いに驚いた。ギリシアに強く心惹かれた私の直感は間違っていなかった。以後、わたしはギリシアの将来を確信した。わたしは、その復興された未来を固く信じて、変わることなく見守りつづけていけばよい。

わたしは実労の中心となる人物を必要としていたが、適切な人材に恵まれなかった。ヴィケラスも、ギリシアにいた間は誠心誠意動いてくれたが、足場を構築する仕事をわたしに残したままフランスに発ってしまった……王はロシアに出向いていて（訳註：皇帝アレクサンドル三世の葬儀への列席のため）、皇太子が摂政であったが、相性の良くない内閣に対しては、いささか慎重にすぎる対応を取っていた。しかし、二回の長時間の会談を経て、わたしは皇太子が断固としてこちらの側についているものと確信した。アテネのスポーツ設備や地形、それに労働力などを調査したうえで、わたしはかなり控えめな予算を組んでみたが、質実剛健で十分だとわたしには思われた。詳しい予算明細表はすでにもっていないが、たしか総額で二十五万ドラクマであった。競技場の座席は、もちろん、木製しか想定していない。

それからわたしは、トリクーピスのもとを再訪し、わが事業の順調な見通しについて述べた。かれは待ち構えていた。なんら異議はさしはさまなかったものの、政府の協力は拒絶した。わたしはかれに「好意ある中立」を求めた。かれはそれを約束したが……内心穏やかならざるものがあったかもしれない。それからわたしはザッペイオンの一室の使用を求めたが、こちらは拒絶されなかった。

仲間の数も増え、わたしは友人たちとともに十一月十二日に会議を開くべく招待状を作成したが、参加者の数はかなり多くなることが見込まれた。幸いにも、わたしはこの種の人をその気にさせ、懐柔させ、一気に事を進めるたぐいのテーマの定かならぬ会合の場数を踏んでいる。ここから委員会が立ち上がることになった。皇太子の支援はあらかじめ内諾を得ていたが、そのおかげもあってオリンピック開催にあえて異を唱える者はいなくなった。マノ大佐、代議士で閣僚経験もあるＥ・スクルーディス、スーツォ騎兵隊長、ピレウス市長のレツィナスが副会長に選ばれた。ポール・スクーゼスが会計、Ａ・メカルティとＧ・メラスが書記官である。大会の日程は一八九六年の四月五日から十五日までと決定した。この年は、ギリシア正教の復活祭とカトリックの復活祭の日が重なる日であった。わたしがパリから持参したプログラムが採択された。

その四日後の十一月十六日、わたしはパルナスという文芸クラブで講演を行った。会場は満員であった。トリクーピス派の連中が譲歩しなければ、その反対派もまた、手打ちというわけにはいかない。わたしは『ロモス』という諷刺詩を売り物とする雑誌の当時のバックナンバーを、いまでも持っているが、その中にトリクーピスとドリュアニスが大きなボクシンググローブを手にして、オリンピックをめぐって対戦するというカリカチュアが載っていた。

わたしは一か月の滞在ののちに、後顧の憂いなしとはしないままにアテネを発たねばならなかったが、帰途は陸路を取った。パトラスでは汎アカイア体操協会がわたしを待ち受けていて、熱烈な歓迎を受けた。このメンバーの一員がわたしをオリンピアに案内する手筈になっていた。オリンピア到着は夕刻も遅くなってからのことで、幾度も夢見たこの聖地の風景を目の当たりにするのは、夜明けを待たなければならなかった。朝の間ずっと、わたしはオリンピア遺跡の中を散策した。わたしがオリンピアを再訪するのはそれから三十一年ののち、オリンピック競技復活の記念碑の除幕式に臨席する機を待たねばならなかった。パトラスへ戻り、コルフとブランディシでの小休止をはさんでナポリに到着すると、新しく仲間に加わったアンドリア公の歓迎を受け、十二月七日には著名な代議士のボルギ氏が代表をつとめる「西洋古典友の会」でわたしは講演をこころみたが、どうにも暖簾に腕押しといった印象をもたないわけにはいかなかった。アポローン讃歌やパンテオンの面影のないところでは、オリンピック競技の再現・召喚も、どうやら神通力を失ってしまうかのごとくである。

3　第一回アテネ大会（一八九六年）

わたしがアテネを発つや、スクルーディス氏は早速にも土台の切り崩しにかかるのだった。かれは三人の副委員長を別個に自宅に招いては、わたしの予算案に裏づけがないことや膨大な経費に比して効果が無に等しいことなどを説いて聞かせるのだった。そうしてかれらに不信の念をたっぷりと植えつけたうえで、かくなるうえは、委員会は御破算にすべきであり、またその決定は王室に委ねるべきであると主張した。

かれは、この結論が本決まりになるだろうと確信していたようであるが、事態はかれの予期とは異なった具合に進んだ。皇太子は代表者たちを招じ入れ、持参された報告書を机上に置くと、後でよく読んでおこうと言って、それからは四方山話に終始したのちに、代表者たちにお引き取りを願ったのである。思うに、皇太子は何らためらうことがなかった。かれの立場は決まっていた。わたしは、事細かな一部始終について、ひそかに報告は受けていたのだが、それでも、皇太子とロシアから帰国した王の間で何があったかについての正確なところはわからない。ただ確かなことは、王が自分の皇位継承者が純粋で規模の大きいギリシア的な事業の筆頭の位置に立つことを、高く評価していたに違いないということである。というのも、六か月ののちに王がパリを訪れた際のことだが、皇太子が大会を組織するについて示した資質について、王は見るからに誇らしげにわたしに語ったからである。

この資質は確かなものであった。皇太子はその才覚と如才のなさによって、かくも厄介な状勢に対しても、巧みな均衡を保つことを得たのである。しかし、それらのすべてをもってしても、この均衡状態は、長続きはしなかったかもしれない。トリクーピス氏は、かれの明確な主張がこんな具合にやり過ごされたので、顔を潰された塩梅である。かれは、ストライキの最中に発生したひとつのもめごとに藉口して、皇太子の主張を取るか大臣の主張を取るかの「選択」を王に迫るのであった。王は、事もなげに、大臣の辞意が示されたことに対する遺憾の意を表明した。トリクーピスはたいへん憤慨してその職を辞した。以後、かれはオリンピック大会に対する遺恨を抱き続け、大会間近ともなるとニースに向けて旅立ってしまった。かれは思いもかけずにその地で急逝したが、その知らせがアテネに届いたのは大会の真最中、華々しい光と音楽につつまれた大規模な祝宴の晩のことであった。

こうした状況の決着を待つことなく、皇太子は十一月十二日に、ただちに委員会を再編したが、暫定的な体制として、変更は最小限であった。かれは新たな協力者たちを追加したが、その中にはのちに首相となるデリュアニスやこんにちの共和国大統領のザイミスもいた。かれは二人の秘書を留任し、さらに加えてコンスタンティン・マノとゲオルギウス・ストレイを加えたが、かれらはのちに政治的に重要な役割を果たすことになるのだった。かれは弟たちを専門委員に据え、さらには、前アテネ市長のT・フィレモン氏を事務局長に任命するや、ただちにアレクサンドレイアのアヴェロフ氏のもとを訪れさせ、ペリクレスの時代に建てられた大理石の競技場の再建に必要とされる資金の調達を求めるのだった。時間は押していた。一八九四年六月二十三日以来、反対派のおかげを以って、何か月も空費してしまった。もう一八九五年の春である。すべてを整えるための時間は一年を切っていた。

今日では、一八九六年の大会のプログラムを知るスポーツ関係者も稀になってしまった。三十七年も経ってしまったのだから無理もない。以下に、IOCの季刊の会報の巻頭に掲げたプログラムを写してみよう。

A　トラック競技：一〇〇m走、四〇〇m走、八〇〇m走、一五〇〇m走。一一〇mハードル（フランス陸上競技連合規則）

フィールド競技：走り幅跳び、走り高跳び、棒高跳び。砲丸投げと円盤投げ（英国アマチュア陸上競技協会規則）

マラソン

B　**体操・個人**：綱登り。鉄棒。吊り輪。平行棒。跳馬。重量挙げ
団体競技（十人一組）
C　**フェンシング**：フルーレ、サーブル、エペー＝アマチュアの部とプロの部（パリのフェンシング振興協会の特別規定による）
D　**レスリング**：グレコローマン
射撃：ミリタリー・ライフル、ライフル、ピストル（ルール調整中）
E　**ヨット**：スチーム・ヨット一〇マイル（パリの帆走協会のルール）
セーリング：（英国ヨット競技協会のトン数と諸規程）三トン、一〇トン、二〇トン級と二〇トン超級。距離は五マイルと一〇マイル
ボート：シングルスカル　スキフ　直線二〇〇〇m。ダブルスカル　直線　アウトリガー付ジョリー艇。フォア　直線　ジョリー艇（イタリア漕艇クラブ規則）
F　**水泳**：一〇〇m自由形。五〇〇m自由形。一〇〇〇m自由形。水球
自転車競技：速度競争　トラック二〇〇〇m、先導者なし。トラック一〇〇〇〇m、先導者付。耐久競争　トラック一〇〇km、先導者付（国際自転車協会規則）
G　**馬術**：馬場馬術、障害飛越、曲馬・曲乗り、高等馬術
H　**スポーツ的ゲーム**：ローンテニス　シングルおよびダブルス（全英ローンテニス協会とメリルボーン・クリケットクラブの規則）

全文を再録するとかくのごとくである。しばしば繰り返される風説では、近代オリンピックは、当初は陸上競技だけのシンプルな大会で、回を重ねるごとに、いろいろな種目が加わって行ったことになっている。真相が

いかなるものかについては、あらためて申すまでもないだろう。

このプログラムは、委員会再編後にあっても、一八九四年十一月十二日（すなわちザッペイオン委員会開催の日）さまざまな種類のスポーツを公平対等に扱うという原則が保持されたことを示している。陸上競技、体操、水上競技、闘技、馬術……は、憲章の中に必須の種目として記載された。さらに申し上げるならば、開会式閉会式の式次第の大筋や、各競技の表彰式における勝者の所属国の国旗掲揚などが、ほぼ同時期に定められたが、これらの中に復活したオリンピズムの原理原則とその性格の全体をはっきりと認めることができるだろう。

これらのひとまとまりの構想に対して強硬な反対があり、それらの多くは無理解に起因するもので、あるいは野望だのむなしい執着心だのによるものであった。実に二十年以上もの間、これらの攻撃は手を変え、品を変えて行われてきたのであるが、それが成功したのは一度――一九〇〇年の粗雑な構想による大会のみであって、それ以外では勝ちを譲ることはなかった。

上記のプログラムは、ＩＯＣ事務局――すなわち、Ｍ・ヴィケラス氏とカロとわたしの承認のもとに上梓された。ヴィケラスは「かれの未来の王となる人物の手になる文書」に連署することに恐縮の態であった。わたしは強いてそれを求めた。これが重要な転換点であって、わたしは、たとえどんなにささやかで、威信を得るに至っていないものであろうとも、ＩＯＣを優位に導く機会は一切も逃すまいと決意したのであった。

一八九五年の一月と二月には、アテネにかえったヴィケラスから週三度の手紙が送られてきた。彼の熱意と力を尽くしたその活動は比類がない。かれはコーディネーターの役を果たしたのである。ある日送られてきた皇太子の開会あいさつ草稿の仏訳には「朱筆を手に拝読をたまわらんことを」とあった。その翌日には、競技に関して詰めておくべき重大な事柄の第一弾である。大会事務局はできたものの、いまだ未確定要素が多いので、然るべき御指示をいただきたい。自転車競技場の設計、メインスタジアム内の座席の配置、招待状の書式、陸上トラックに対する意見など……。

その一方で、大理石のブロックは、廃墟のおごそかな敷地の中に着々と積み上げられていき、外部に対する宣伝活動も開始された。かくして、委員会は形を成していった。ハンガリーでは、ちょうど一八九六年がマジャール国家千年祭の年に当たるというので、皆その準備に忙殺されていたが、オリンピズムを捨てて顧みないわけではなかった。チャキー伯爵は、アテネの準備がうまく進んでいないと見て、ケメニーを通してわたしに打診してきた。千年祭の期間中にブダペストでオリンピックの開会式を開催しないか、というのである。わたしはこの提案をやり過ごしながら、ギリシアの準備に発破をかけるのであった。

バルクがストックホルムから書いて寄越すには、「首尾は上々」で、皇太子（現国王）も関心を有している。「いささかの不安はありますが、全力を以って取り組みます」同時期に、ロシアのボトウスキー将軍は自分の奮闘ぶりを伝えてきた。かれは「まったくの無関心」に直面している。一八九五年二月二日付の報告では、「わが国の新聞に至っては、体育の問題について言及することは、あたかも新聞の権威をおとしめるかのような扱いである」

英国からは幸先のよい知らせが寄せられた。当時のギリシア代理公使のロマノス氏とオックスフォードの学生であったコンスタンティン・マノスが、在英ギリシア人の間に関心を呼び起こし、基金を集めるに至ったのである。ほとんどどこの国からも消息を得られるようになり、それらの中には及び腰であったり、見当違いなものも多かったが、それでも、そこには打開の余地が見出せるのであった。これらすべての情報は、原則としてわたしを経由してからアテネに届けられるのであったが、フィレモンはそれがたいそう不満であったようである。思うに、かれは積極的で慎重な能吏ではあったが、いささか頑固で自信過剰の傾向があった。自分に権限が委ねられていないと感じて、それが神経に触ったのである。そのおかげをもって、わたしがフランスで失態をしでかしたり、また、とくにベルリンのシュプレ川周辺からの逆風が炎上した際などには（訳註：次頁に見られる「架空会見記」への反発を指す。)、どうにも内心の歓びを隠しきれないような具合であった。

パリでは、例によって、一年前に支持したこの運動に対して政府は知らんふりである。フランスの選手をアテネに派遣する費用への助成だって?……あつかましいにもほどがある！　おかげで、われわれは、みずからフランスオリンピック委員会を立ち上げないわけにはいかなかった。クールセル氏を会長に据え、実際に事務を仕切るのはファバン氏である。射撃協会連合会長のメリヨン氏に至っては、いったんは参加を承諾したものの、いかにも勿体ぶった面持で退会してしまった。「連合の決定では、この種の組織体に参加するいわれはない」かれの主張に見て取ることができる、この問題に対する軽視の姿勢は、まことに驚くべきことである。一八九五年二月十四日付のわたし宛の書信に曰く。「オリンピック競技を組織する側が、フランスのオリンピック委員会の一支部たらしめんとしていること、そして射撃をたんなる一部門におとしめ、その他大勢の競技と同列に扱おうとしていることは、ほとんど信じがたいのである」ここに引用した言葉が示しているのは、異なった競技種目間での協力という考え方に対して、一応は見識があるのではないかと考えられている人々の中にあってさえ、奇妙な猜疑心による混乱が見られたということである。しかし、最終的には良識が受け入れられることとなって、フランスの選手たちはアクロポリスに踵を向けることを得たのである。もしも不参加ということになったら、たいへんみっともないことになってしまっただろう。

かの地において、フランスの選手たちとドイツの選手たちの間にいさかいが起こるのではないかと懸念されたが、これは案ずるまでもなかった。ベルリンでは、かねてよりわたしと書信の往来があったW・ゲープハルト博士が、オリンピックに関心をもつ人士を集めてチームの組織がほぼ成功した（一八九五年）年末に至って、アテネにドイツの大きな体操クラブのひとつから、いったんは受諾した招待に対する、参加辞退を伝える旨の書状が届いたのである。この拒絶の理由は、フランスのある新聞に掲載されたわたしへの架空会見記に基づくもので、この点についてはうっかり注意を向けていなかった。わたしが発言したとされる内容は、わたしの意見とはまったく関係なく、ドイツによる抗議は、あらゆる点から見て穏当かつ正当なものであると思われた。事態を把握するや、わたしはただちにゲープハルトに弁明の書状をしたためたが、それとほぼ同時期『ナチオナル・ツァイトゥング』紙が、ドイツの体操愛好家たちの手になる書簡を掲載した。ドイツのジャーナリズムは、ただちに抗議の声を上げたのであった。わたしもすかさず、在ベルリンのギリシア公使ランガベに対して記事の内容否認の連絡を取ったが、かれはそれを多として、この否認についてかれの力の及ぶ限り「広範囲の宣伝」を行うと知らせてきた。かれの言うには「手紙の写しを首相に届けたので、皇帝の目に触れることになるであろう」それが必要であると思われるのは「ドイツ人の腹立ちが憂慮すべき度合にまで達してしまったからである。きのうもまた、帝国全土から五十通ばかりの手紙が届いたぐらいである」しかし、この腹立ちは、ほどなく鎮まった。ゲープハルトはゲープハルトで、手堅い処置としてベルリンで集会を開催し、かれの説明のおかげを以って「お互いの努力が成果を結ぶことに対する共感と祈念」の満場一致に転じることとなった旨を電報で伝えてきた。かれは親切にも、このメッセージの写しをフランス大使のジュール・エルベット氏にも届けてくれた。

それは（一八九五年）一月十六日のことである。ギリシアでは、すでに一月一日に『アスティ』紙がわたしの否認を受領して紙面に掲載していたのだが、フィレモン氏はいまだに架空会見記を真に受けたかのごとくふるまっている。のちにゲープハルトに聞いたところでは、フィレモンはこの事件を奇貨として、「暫定的な組織であって、もはや存続すべき理由もない」ものとしてＩＯＣを廃止に持ち込もうとしていたらしい。『ル・タン』紙の記者による一月十二日付のギリシア通信は、この事件によって惹き起こされたギリシア全土の動揺を伝えている。ドイツの世論は沈静した。フィレモンはその悪意を捨てざるを得なくなった。わたしからの督促によって、二月七日になってはじめて、わたしの口から発せられたとされる暴言を、ギリシアの委員会は「決して信じてはいない」とする電報がわたしのもとに届けられた。この主張が発せられるのは、わたしを納得させるには、いささか遅すぎた。

ついに時が訪れた。再建された競技場は白く輝き、入場を許された観客たちを前に、国王ゲオルギウスはおごそかな格式のもとにオリンピック競技大会復活の声を発したのである。「わたくしはここに近代における第一回オリンピアード大会の開催を宣言する」ただちに祝砲がとどろき、放たれた鳩は喜ばしい飛翔で競技場をうずめつくした。ギリシアの作曲家サマラによる美しいカンタータの合唱が奏でられ、かくして競技大会は始まった。行為は現実となり、歴史の領域に入ってきた。「All that is your work.（みんなあなたのおかげですね）」ゲープハルトは、いつもわれわれの間で用いるのがつねとなっている英語で、わたしに言った。IOCは、皇太子も含め、わたしが絶えることなく主張してきた、この事業の永続性と国際性とを支持する立場にあった。しかし、有頂天になった民衆のナショナリズムに直面して、アテネを四年ごとの大会の恒久的な開催地とし、数多くの望ましい優良顧客の来訪を受け入れるべきではないかという考え方も生じてきたのである。

わたしは他でも第一回大会の華美荘重さ、専門技術の面から見た困難や失敗、観衆の熱狂、水面下における策謀、何人かの仲間の裏切り、復活したオリンピックはギリシアで恒久的に開催されるべきであると王家が発議するに至ったことなどについて書いてきた。もっとも、この王家の提案が、絶対に実現不可能な計画で、確実に失敗に至るであろうことが明白でなかったら、譲歩の余地はあった。いかなる点から見ても、アテネには四年ごとに、毎回面目を一新するために必要とされる企画立案とそのための資金調達の手段を欠いている。しかし、堰を切った世論の奔流には理性の声を聴かせなければならない。ギリシアの民衆は、過去の最も輝かしい栄光の姿をまとった「生ける幻想」の突然の出現のうちに自らを見出した。ギリシア全土は、揃いも揃ってこのスペクタクルに身震いせんばかりの感動を味わった。ある種の士気の高揚も見られた。はなはだしきに至っては、当時無念なる国境線の移動により母国から隔てられてしまっていたアトス山の修道士たちが、大会をことほぐための寄付を送金してきたのである。そしてギリシア以外の国にとっては、オリンピック復興も、輝かしく耳目をひく出来事のひとつにすぎなかったが、これが、ギリシア人の心情にとっては、もっとも霊験あらたかなる強壮作用をもたらすのであった。大会開催の一年後に、クレタ島の帰属をめぐって勃発した対オスマン帝国戦争に関して、その原因の多くはオリンピックに帰せられるべきで、それというのも、国外のギリシア植民地の代表者をアテネに結集させて謀議を図ることにより、この戦争の主導権を握るための事前準備に資するところがあったというのである。しかし、この告発には無理がある。せいぜいのところ、さまざまな要因が積み重なって事前のお膳立てが済んでいた動きに対して、オリンピックが若干の後押しをしたと言えるぐらいではないか。クレタ島の住民たちが、手に武器を取ってみずからの自由のために立ち上がったのは、なにもこれがはじめてではなかった。そうして、かれらのギリシア民族主義がかれらに存分の大義名分をもたらしたので、この時のギリシア軍はあえなく敗戦にまみえることとなったものの、結果としてクレタ島の住民たちの状況そのものは改善され、完全自治領を準備する体制が確立されたが、それがのちのギリシア連合につながっていくのである。

いずれにしても、かくのごとき政治的帰結を見るに及んでは、欧州各国政府も、復活したオリンピズムというものに対して、あんまりよい顔をするわけにもいかなくなった。IOCの立場も微妙なものとなった。いわんや、わたし自身の立場においておや。第二回オリンピックには不吉な前兆である。わたしの仲間たちは、ギリシアの世論が挙げてことごとくオリンピックを「持ち回り」で開催する案に反対であることにたじろいだ……わたしは、以前にもまして孤立無援となってしまった。一八九四年の会議準備の折の比ではなく、自分自身を頼みとするほかなくなってしまったのである。

まずなによりも、国王に抵抗しなければならなくなった。全競技者が出席した閉会後の打ち上げの饗宴席上における国王のスピーチは、わたしを進退きわまる窮地に追い込んだ。屈服すべきか、辞任すべきか。わたしは、この時すでに、いずれの道も取るまいと決意した。しかし、一方で、かかる状況下における抵抗というものも、けっして容易なことではない。わたしは愚かなる分からず屋を演じることに決めた。国王のスピーチが、半ばはギリシア語、半ばはフランス語で行われたのをさいわい、言い回しの違いを理由として内容が分からないふりをするのである。国王は大会の開催地を恒久的にアテネに固定したい、と希仏同一の言い回しを用いて繰り返したわけではない。また、国王の発議を支持する請願書にアメリカの選手たちが署名したことについても、同様に知らないことにした。これらすべてのことについて、新聞はやかましく書き立てたが、わたしは聞く耳をもたずにやりすごした。そして、大会閉幕当日の夜、わたしは国王に宛てた公開の感謝状を公にした。アテネ市とギリシアの民衆に対して、精力的で華々しい大会への支持と行動に対して、また一八九四年のわたしの呼びかけに応えてくれたことに対しての謝意である。わたしはその中で、事業の継続と国際委員会の永続性について明確に述べ、第二回オリンピック大会はパリで開かれるであろうことをほのめかした。手紙は短いものであった。手紙はドイツ語版と英語版がフランス語原文と同時公開される運びとなっていたので、ギリシア語版の同時公開は些事となってしまった。文面は、儀典文書の求める書き方に従って、周知のごとく慇懃であるが、その実態は限りなく無礼に近い。君主制の国のＩＯＣ委員の中には、わたしからこのことについて事前の相談も報告もなかったので、不安を感じる者もいた。フィレモンはおそろしさに顔を覆った。いったい何が起きるであろうか。わたしも内心穏やかではなかった。しかし、何も起こりはしなかった。ＩＯＣは断念も亀裂も伴うことなく、試練を乗り越えたのである。皇太子は、大会開催地をアテネに独占することが絶対に無理だと理解していたので、王とはまったく考えを別にしていたが、一方フィレモンは、要するに思慮に欠ける主張を行った。かくして危機は去り、第二回オリンピック、オリンピックパリ大会が視界の中に入ってきた。さて残念なことに、世界で最もオリンピックに無関心を示す場所というと、それは何よりもパリなのであった。

専門性という面から言うと、第一回オリンピック大会には特筆すべきものはなかった。競技においては、たしかに過去の記録の更新も、所期の成果を超えるものもなかった。新たに得られたものと言えば、異なった種目間の協力関係がすべてであるが、しかしここに大きな意義があって、爾後のすべてはここに由来するのである。わたしは特筆すべきものはないと申し上げたけれども、マラソン競技だけはその例外としなければならない。これは、フランス学士院会員の名士ミシェル・ブレアル氏の発案になるもので、オリンピック復興決定翌日の高揚した気分の中で、わたし宛にしたためられた手紙の中で、マラソン競技は同時代に類例のない新機軸であるから、この競技の優勝カップは自分が寄贈しようと言うのである。それは、四十二キロから四十四キロという桁違いな距離で、陸上競技の専門家から見ても、べらぼうな話だとみなされていた。この種の競技を創設するに際して、誕生前から潤沢な寄付が見込まれていたにも関わらず、われわれが躊躇したのは、それがほとんど不可能で、創設はしたものの実体が伴わなくなるのではないかという不安による。ギリシアには、ほとんどランナーがいなかった。誰もが、ギリシアの中から、しかも「飛び入り参加者」の中から優勝者が出ようとは、思ってもみなかった。スピリディオン・ルイスはフスタネルという民族衣装をまとった羊飼いで、科学的トレーニングの実践とはまったく縁がなかった。試合準備は断食と祈りで、試合前夜は、いくつものろうそくに照らされた聖画像の前で一夜をすごしたと言われている。かれの勝利は、力強さと単純明快さで、堂々たるものであった。六万人以上の観客を収容する競技場に入ってきたときに、かれは何ら疲れた様子を見せず、また、コンスタンティノス、ゲオルギウス両皇太子がみずから腕を取って、かれを大理石の玉座の前に立つ王の前に連れていったとき、すべての古代ギリシアが、かれとともに競技場に迎え入れられたように感じられた。大きな拍手が巻き起こった。これは、わたしの思い出す限り、なみはずれて素晴らしい情景のひとつである。このときの印象が強く刻みつけられたので、それ以来、スポーツにおける心理的な力のはたらきには、われわれが考えている以上の効果をもたらすことがあると確信している。一八九六年以来、他のいろいろな経験もこの確信を強めているが、しかし、医科学の分野では、この種の問題の真偽は闇の中であり、事実上の因果関係は、いまだ明らかになしえずにいる。

むろん、このことを以って、トレーニングで科学的なデータを無視してよろしいことにはならない。その例証として、アテネにおけるふたつのエピソードを紹介しておこう。アメリカのプリンストン大学は、わたしの友人のW・スローンが教鞭を取っているが、五人の選手を送り込んできた。その中の一人であるロバート・ガレットは、円盤投げの未経験者であったが、この種目に関心をもつようになって、こころみに投げた第一投が、たいそうすぐれた結果を見せたので、オリンピックでこの競技に参加できまいかとわたしに伝えてきた。かれは「あつかましくて、物笑いの種になる」のではないかと懸念していた。わたしはかれを励ました。かれはそこで賞にふさわしい動きを見せた。この申し分のなさは、事前に行われていた全身的なトレーニングのなせるわざであった。それに先立つ何年か前にわたしが出会った若いカナダ人は、騎手というわけではなかったが、同じような具合で曲乗りの試合で優勝した。そんな具合で、心理的な面もさることながら、全身にかかる体系的なトレーニングの価値も明らかになった。これらの豊饒にして的確なデータの解明は、将来に委ねられよう。

一方、ギリシアでは、地方でも島々でも、子どもたちは放課後ともなると「オリンピックごっこ」をして遊ぶようになった。走り、跳び、小石をいくつか投げて楽しんだのちに、列をつくって並び、その中のもっとも大きい者が、やおら真面目な顔となって、他のこどもたちにオリーブの枝を渡すのであった。何世紀かの時を隔ててアテネで再び行われたこの象徴的な仕草は、かれらが漠然と感じ取っている自らの偉大な過去への無意識裡での接触をうながすのだった。神聖なるコルフ地方におけるこの詩的な遊戯は、第一回オリンピックがわたしにもたらした最後の光景であった。さてこれからは、その継続を確固たるものとするために働かなければならない。

4 ル・アーヴルでのオリンピックコングレス（一八九七年）

なぜル・アーヴルなのか。その根拠は何か。ノルマンディーの大きな港町とオリンピズムの間にどんな関係があるのか。

アテネから帰ると、ゲープハルト博士は次回のＩＯＣの会議をベルリンで開催したい旨の意思をあらわにした。ヴィケラスもケメニーもグースも賛成しているということである。しかし、わたしは、この件についてかれらに相談を求めることを差し控えつつ、夏前にはル・アーヴル市に対して交渉を開始した。ＩＯＣの会合のみを光彩あふれる大きな首都で開催するのは、いかにも分別を欠いている。現在、さる有名作家夫人におさまっているある若い娘さんが、まだ本当の小娘のころに「この季節、ダンスには何回ぐらい行ったのかい？」とたずねると、可愛らしく口をとがらせながら答えるには「両親がまだ早いというのよ。来年になるまではだめなんだから」わたしが思うに、当時のＩＯＣはちょうどこんな感じであった。まだ外出するには、十分に成長していない。ささやかな規模、事実上の資金不足、そしてとりわけ、管理運営や広報を規則正しく処理するに足る専門技術の支えを欠いた不安定な体質――それらが相俟って、わたしにそうした無分別を禁じるのだった。その一方で、わたしが最も大切だと思うのは、絶対の独立性を保ち、いかなる後援者からの干渉も避けることである。アテネにおいて獲得することのできた成功をおとしめる必要はないが、そうかと言ってその影響を過大に見るわけにもいかないだろう。

その頃まで、わたしは一年のかなりの部分をノルマンディーで過ごしていた。親類縁者と家族、時として気まぐれな政治的思惑、そうしたことのすべてが、わたしをこの先祖伝来の地に結びつけていた。したがって、ほかならぬこの地に拠点を求める方が、わたしにはやりやすかった。カジミール・ペリエの突然の辞任によって、前年に選出されたフランス大統領（訳註：フランソワ・フェリックス・フォールのこと）がル・アーヴル出身で、夏には帰郷して滞在するのであった。わたしは、かれもこの企画に関心をもつだろうと確信した。

アテネ大会は、言ってみれば歴史の衣をまとって行われただけであって、会議もなければ講演会もなく、道徳や教育の面に関する関心はなんら見られなかった。大会の将来に向けてこの側面に関心を向けること、それは、わたしが主唱する知的かつ哲学的な性格を呼び戻すことであり、ＩＯＣに対して、ただちに単なる諸種のスポーツの集合体以上の役割を与えることであった。そんな次第で、異論をあえて顧みず、わたしはル・アーヴルでの会議開催に固執したが、そこでまず確保できたものは、市役所の無償使用許可と二人の献身的な友人の協力であった。アルクイユ学院院長のディドン神父と中央アジア縦断で名高いガブリエル・ボンヴァロ。かれらの講演は当時もっとも人気があった。プログラムには柔軟性をもたせ、そこで議論したいと考えられるあらゆる問題に対応できるように意を払った。以下にそのプログラムを掲げよう。

教育学

いろいろなトレーニングの心理学――それぞれの性格について。

自由な遊戯と号令をともなったトレーニングの相違――それぞれの長所と短所。

少年期、思春期のトレーニングが与える道徳的効果について――努力が人格形成と個性の発達に与える影響。

リセとコレージュにおけるトレーニングの組織化について――生徒はトレーニングを自分自身で組織化し、自分自身で調整を加えることができるか。また、そのやり方は。ひいては、生徒に許容すべき自主性の結果は。権威の果たすべき役割は。

健康管理

トレーニングの生理学：訓練時の正しいポーズについて。
リセやコレージュにおける健康教育：そのためのカリキュラム。

服装について。

トレーニングを補完するものとしての水治療法について――どのようなフォームが妥当なのか。

スポーツ
賞金とアマチュア規定について。

国際大会の組織機構について。

開催頻度と総括的規程。

世界オリンピック連盟の創設と『世界オリンピック・ブレティン』の創刊について。

十九世紀におけるトレーニングの復興と発展について――世界各国におけるこの動きの歴史について。


スポーツについては、形ばかりでほとんど触れられなかった。世界オリンピック連盟の計画とその多国語版のブレティンについては、ハンガリーの仲間で往々にして巨視的にものを見るF・ケメニーの意を汲んでつけ加えたものである。カンのアカデミー総長、セーヌ下流域の知事、ル・アーヴルの副知事、相当数の国外からの代表たちの臨席が、会議の格を高めたのであった。大統領は二日にわたって海辺にあるかれの別荘に会議の参加者を受け入れ、十分な成功を示したこのイヴェントに祝意を表した。

市役所の大講堂で行われた公開講演で、ディドン神父は、燃え上がらんばかりの調子の語りかけによって多くの聴衆に感銘を与えたが、ちょうどその最中に、遅れてやってきた代表者の名刺がわたしのところに届けられた。牧師クーシ・ラファンというチュルテンハムのコレージュの校長で、英国校長協議会の代表者である。あいさつを交わし、最上の席に招じ入れたときに互いの視線が交わり、何かしらを察し合うこととなった。まだ若く、すらりとした格好で、まれに見るみごとな顔立ちであった。かれの存在全体が、完璧な知性と力強さと多感さとの調和を示していた。かれはサザンプトンからの船を降りたばかりのところだった。ディドン神父の講演が、聴衆の予期よりも早く終了して、質疑応答に移ったが、かれの言葉に対してあえて何かを付け加えようという者はいなかった。そこで、わたしはここに英語のショート・スピーチでもあれば聴衆の発言のきっかけとなり、またわたしの運営の拙さへの海容を乞うことにもなろうかと、チュルテンハムの校長に発言を求めた。急かされたり、躊躇したりといった風はなく、謙虚と自負を兼ね備えたおもむきでラファンは立ち上がり、正確きわまるフランス語で、節度を保ちつつも、予期せざる表現を選んで、スポーツの力がもつ道徳的な役割について、かれの考え方を開陳した。かれの主張は、ディドン神父の主張と照応するものであったが、表現の仕方がたいへん異なり、質素な優雅さと洗練を有し、その対照は聴衆に熱狂の新たな調子を与え、この集会をフランス的雄弁の独演会のような趣にしてしまった。わたしにとって、この新たな協力者は最も貴重な存在であることは疑うべくもなく、天から降りてきたような具合である。ラファンはアイルランド系の祖先から受け継いだケルト風の基調をもち、ある種神がかり的な傾向もあって、のちにわたしに語ったところによると、かれは最初の日から「召命」を受け、その全力をオリンピックに捧げることになろうと感じたのだという。事実、かれは生涯にわたってオリンピックに対して誠実であった。そして、われわれ二人の友情は、深遠にして確固たるものであった。

ル・アーヴルの会議は、ギリシア抜きに行われた。ギリシアは、クレタ島の解放と国境線の引き直しのために戦争の最中であったが、運命はギリシアの味方とはならなかった。国家に奉仕する敵味方の双方とも、ノルマンディーに目を向ける余裕はなかった。そしてまた、一八九四年の会議の主軸をなしたヘレニズムの雰囲気は、より近くにあるイギリスの影響力の前にかき消されてしまった。ここで多かれ少なかれ、人々の意識の支柱となったのは（トマス・）アーノルドであった。じつのところ、わたしは十年も前からかれの主張をフランスに移植しようとつとめていたし、またその思考の原理は明快さと大変な力強さを示していると思っていたが、驚くべきことに、現代社会は、なかなかそれを理解しようとはしないのであった。今回もまた、ディドン神父、ラファン、ボンヴァロの三人の力添えがあったものの、大きな進展を見るに至らなかった。ＩＯＣ自体の中でも、すべて申し分なしというわけにはいかなかった。バルクに至っては、会議は時間の無駄であり、そこで取り扱われた諸テーマは「われわれの仕事とは無関係」であると見なすのであった。一時期、かれは委員の辞任を考えたほどである。かれの誠意にゆらぎが見えたのは、唯一、この時期のみである。かれの意見に同調した連中は、あらゆる事柄に関わっていくことは、われわれの力を分散させてしまうおそれにつながろうと考えた。しかし、わたしの信ずるところはその反対で、ＩＯＣがいわばカメレオンのごとき変幻自在の行動の仕方を取ることにより、より活発で揚げ足を取られることもなくなり、たとえ痛手を受けることがあったとしても傷は浅くて済もうというものだ。

さて、これまでよりも手ごわく、駆け引きの仕方もとらえどころがなく、結果がどうなるかの予測もつきがたいと思われる闘争が、間近に迫っていた。

5　第二回パリ大会（一九〇〇年）

わたしは十一年前の一八八九年に開催された万国博覧会の三人の役員の知己を得ていたが、とくにジョルジュ・ベルゲルとアルファンは、飲み込みが早く、実務上の才もあり、また大らかなやり方を取る人物でもあったので、わたしは一九〇〇年のパリ大会にも同様の支持を期待できるだろうと愚直にも思い込んでいたのである。当時フランスではじまっていた、学校にスポーツを普及させようとする事業に対して共感を示していたかれらであってみれば、アテネで実現したオリンピックの復活と、新聞雑誌で報じられたその動きをみれば、一九〇〇年の大会の企画を拒絶することなどができようか？　しかし、ひとりの専制君主が闊達な三頭政治に取って代わった。傑出した人物にはありがちなことだが、一九〇〇年の万国博覧会の委員長となったアルフレッド・ピカール氏は、それまでの考え方を「引き継ぐ」ことには我慢がならなかった。以前、かれと一度だけ話を交わしたことがある。一八九四年の一月三十日であるから、オリンピック競技大会復活決定に先立つこと数か月前のことである。第二回大会をパリの万国博覧会の中の一企画として開くという考え方に、かれはただちに不快の意を示した。また、万国博覧会に付随してスポーツの部を別枠で開催し、そこで現代のスポーツと過去のスポーツ再現を同時に行うという考え方もお気に召さなかった。このプランは、同じ日に示したもので、わたし自身の署名に加え、リセ・モンテーニュの教師で、ギリシア史の専門家にして体育指導者としても名高いＧ・ストレリイ氏の署名もあった。この企画では、万国博覧会の会場内かその隣接地にオリンピアの高地の復元を建築することも含まれていた。そのモニュメントの中には、古代から中世を経て現代に至るスポーツにかかわる諸種の展示や記録を並べるのである。ピカールはわれわれの企画に対して関心を示したものの、それは、かれの脳内において他の諸種のがらくたと見分けがつかなくなってしまった。もう一度はなしを聞きたいと言われたもののお呼びがかかることはなく、三年後に万国博覧会の公的な企画が現われた際の分類法に、スポーツ関係者は当惑しないわけにはいかなかった。スケートは刃物の部、漕艇は人命救助の部、スポーツ団体は共済組合の部に仕分けられている。このかなり前から、ことオリンピックに関する限り、アルフレッド・ピカール氏には何も期待することはできないと見限っていた。元首相のA・リボー氏がいろいろと骨を折ってくれたのも徒労に終わった。

そんな次第であったから、わたしは一九〇〇年の大会は、行政の干渉を受けることのない、私的な委員会によって組織すべきだと心に決めていたが、ラ・ロシュフーコー子爵は、すすんで委員長を引き受けるのみならず、ヴァレンヌ街のオテル・ド・ラ・ロシュフーコーに事務局を設営してくれた。この計画は、見た目にはたいへん無謀なものであったが、実際には、それほどでもなかった。わたしの目論見は以下のごとくである。万国博覧会の事務局が企画せんとするところは、小役人の工夫にかかるお役所的冗語法で言うところの「身体運動とスポーツの競技会」であろう。それでは上手く行くはずもない。会場をヴァンセンヌに選んだこと、委員会や小委員会の乱立、さらには膨張したプログラム（ビリヤードやら、釣りやらチェスやらが加えられようとしていた）――これらから察しられるのは、ある種の雑然とした俗悪な見本市たらざるを得ないということである。われわれがオリンピックかくあるべしと願うところのまさしく正反対なのである。じっさい、参加者たちには他の土地では得られないものを与えるようにすべきである。アテネでは、もっとも純粋なかたちでの西洋古典に触れることとなったが、パリでは伝統と洗練された雰囲気をもつ古きフランスに触れるべきであろう。競技会と博覧会の祭典には群衆が押しかけようが、われわれが意図するところはエリートのための競技である。選手たちの中の精鋭、数は少ないが世界最高の競技者たちである。見巧者たる観客は社交界の人士や外交官、大学教授、将軍、研究機関の代表などである。かれらにとって、ダンピエールでのガーデン・パーティー、ヴァレンヌ街での夜会、エスクリモンやボンネルへのハイキングなどよりも素晴らしくて快適なものがあろうか？

しかも、われわれの方策はこれらにとどまるわけではない。そこで、事務処理の要となる一人の総括委員が必要であった。わたしはロベール・フルニエ - サルロヴェーズという人物を得た。かれはこのポストを受け入れてくれたが、力と柔軟で実践的な知性を期待することができる人物であった。かれとともに、コンピエーニュのスポーツ協会が、素晴らしい競技場と愛すべき熱意あるすぐれたメンバーとともにやってきた。プログラムの基調はアテネ大会のものを用い、そこにボクシングとポロを加え、他の競技についてもなにがしかの追加を加えたものであった。射撃が外れる一方で、アーチェリーが追加された。登山に対する賞は、一八九六年の大会以降に、地球上のどこかで、もっとも目ざましい達成を成し遂げた登山家に対して与えるものとして創設された。

新聞は――左翼系に劣らず、ことに右翼系の新聞が――好意的な論調を取った。団体に属さない独立系のスポーツ愛好家たちも得心した様子である。一八九八年の六月十六日には、アンリ・デグランジュが皇太子公園《パルク・デ・プランス》の競輪場を自由に使うようにと申し出てくれたし、ジファールは水泳競技を引き受け、ピエール・ラフィットは自ら主宰する『野外の生活《ヴィ・オー・グランデール》』の誌面を公式機関誌として提供した。モリエ氏は、かれの名高いサーカスで「祝祭特集」を開催し、ポトツキ伯の馬上試合はレトリエ乗馬クラブによって提供されるであろうと言うのだった。国外では、公式の計画が公になるのを待望していた。ほどなく、信頼が回復した。各人が仕事に取り掛かった。ブージ氏とボトウスキー将軍の手紙は、ベルギーとロシアの委員会の設置を伝え、またオーストリアからはＬ・Ａ・カフが「パワフルなチーム」をつくることを確約した。

われわれは、主として立地条件と快適さを配慮した宿泊施設を探し始めようとしていたが、（往時のアスリートたちは気難しいことは言わなかった）、思いもかけぬ伏兵が潜んでいた。こんな問題を予測できないほど、わたしは世事に疎かったのである。競技諸団体に対してはかれらのルールを適用し、審判法や競技の運営を委ねることで、かれらの労に十分に報いることになるとわたしは考えていたが、位階勲功の問題が残っていた。じつに、位階勲功の問題というものを、わたしは失念していたのである。フランスでは、まことにもって怪しからぬことに、われわれ自身の側で「国際的な勲章」を作り出さないのであれば、緑や黄色や紫の綬を与えることはないというのである。そのうえ、オリンピックへの「功労」に対する評価を万国博覧会への貢献の度合を以って見定めるなど、できない相談ではないか。

動揺が拡がった。すでにエド・カイヤが知らせてきたところによると「フランス漕艇協会が声を大にして抗議している」パリ市役所で聞き及んだところでは、ヴァレンヌ街で「伯爵侯爵連合」なるものの会合が開かれている。一八九八年十一月九日には、フランス競技スポーツ協会連合は、ＩＯＣの仲間たちによる説得の努力の甲斐もなく、われわれからの離脱の議案を採択した。エルネスト・カロは、その前日に不穏の機が熟してきていることを知らせてきている。フランス競技スポーツ協会連合を見舞ったこの内的な危機は、何人かの策士によって惹き起こされたことであるが、ここでそのことについての断罪は控えよう。けだし、この動きの影響は微々たるものであった。万国博覧会の公式組織委員会が、なんら進展を見せていないので、運営の点において、だれも事務総局を信頼するものはなかった。われわれの困難は増大したが、まだ解決しかねるところまでには至っていなかった。国外には「ラ・ロシュフーコー委員会」しか知られていなかった。ここで、アメリカからのほとんど予期せざる介入のおかげで、事態は錯綜した。パリに到着したＨ大佐が、アメリカ合衆国の主導のもとに行うスポーツ博覧会の企画提案を示したのである。「他国に対してスポーツの何たるかを教示する」構想のもとに、遊びの場や競技の場を用意するというのである。なんとも不適切きわまる提案ではないか。あいにくにも、アメリカの委員会がそれを後押ししており、またピカール氏も（予期に反して）賛同の意を表している。わたしは、これに対する反対の姿勢を示すことを控えた。しかも、わたしと大佐の関係は一年かそこらのもので、たいへん杓子定規なものであった。かれの計画には見込みがありそうにも思えなかった。あえて反対の意を示す必要もなさそうに思えたが、しかし、大佐は大佐で混乱の度を加えていくだけであった。万国博覧会の側は、なんら進展が見えない。さる消息通の伝えるところによると、事務局長はすべての管理職の能力に対して懐疑的であり、スポーツの競技大会を適切に組織運営する資質をもつのは事務局の事務員たちに限られると見ているというのである。結局、一八九九年二月十九日に、ダニエル・メリヨンをこの競技会の事務総長に据えることが決定された。メリヨンは、けっして適任ではなかったが、少なくともひとかどの人物ではあった。先に述べたような小さな衝突は、われわれの関係の真率さを減衰させるものではなかった。メリヨンとは協力し合えるように思われたし、二つのグループを併合させずとも、第二回オリンピアードの適切な挙行に向けて連携を図ることはできるだろう。リボー氏はあらためてアルフレッド・ピカール氏に歩み寄ろうとしたが、オリンピック競技大会など時代錯誤もはなはだしいという頑強な反対論に突き当たるのみであった。

そんな間に、シャルル・ド・ラ・ロシュフーコーは、根も葉もない流言蜚語によって落ち着きを失っていったが、わたしはその噂のよって来たるところを深追いしようとはしなかった。そうした行動の背後にわたしの仲間がいた場合、それ以後、かれの行動に対してわたしが色眼鏡をかけて見るようになることをおそれたからである。社交上のライバル関係は、しばしば白黒をつけずにやり過ごすことはできる。とは言っても、四月二十二日の会議はいきなり騒然としたものとなり、委員長罷免という耳目を集める結果で幕を閉じた。新たな委員長を探さねばならなかったが、それは身近なところにいた。われらが事務総長のフルニエ・サルロヴェーズは、容易に狼狽するような人物ではなかった。しかし、偶然の要素が肥大化し、残された時間もわずかで、国際的な状況下で国内の内輪もめが露わになるのも、みっともないはなしである。これは、ＩＯＣで協議すべき問題であったかもしれないが、時間が不足していた。わたしは、大会組織委員会を解散するにまかせた。わたしに権限が委ねられ、わたしみずからが適任と判断したメリヨン氏を指名した。わたしがこのことについて、あらかじめ私信で内意を伝えたところ、折り返し熱意あふれる謝意を示す短い手紙が返ってきた。次いで、五月十五日の公文書による依頼を以って正式の依頼となった。就任以来何か月か経過して、委員会の仕事はかなり範囲を制限したものになっているように見受けられた。しかし、メリヨンは無為にとどまっていたわけではない。かれは、何人かに対して処分を行うことが必須であると提言したが、のれんに腕押しであった。かれがよこした手紙には、そのことに対する苛立ちが述べられており、もしこの提言が直ちに受け入れられないとあらば、辞任もやむなしとまでほのめかすのであった。それに次ぐ別便では、御機嫌うるわしく、万事快調で、ついに仕事に取り掛かれるというのである。……ついに！……しかし、実のところ時すでに遅し、なのであった。

一八九九年六月五日、われわれ――ヴィケラスと、前の年からＩＯＣに参加したブルネッタ・ドゥッソー伯爵とわたしは、メリヨンの家で打ち合わせを行った。メリヨンは、もっぱら国外関係の対応に応接にいとまなく、それというのも万国博覧会の実行委員会は、この面ではなんら役に立つことはなく、面倒の解決に資することができるのは、われわれＩＯＣの仲間たちのみであるということがはっきりとしたからである。かれはわたしにＩＯＣの仲間たちへの回状を回すことを求めてきたので、わたしは早速対応した。のみならず、近々訪問する予定となっている中央と北欧の国々への旅行の途次に、現地のＩＯＣ委員の面々に発破をかけて来ようかとさえ、わたしは提案したのである。この旅行の目的は、『ベルギー独立評論』誌に執筆の約束をした「ヨーロッパの未来」についての連載記事のために資料を収集することにあったが、その記事が掲載されたのは秋になってからである。メリヨン氏は、わたしができるだけ多くの国を訪れることによって、かれの責務となっている仕事に対して大きな便宜が図られることを望んだが、ピカール氏は、この効用について信を置くことを拒んだ。行く先々の国で熱心に動くことをわたしはメリヨンに約した。「オリンピック大会の代替物としての万国博覧会における競技会」であってみれば、それはわたし自身にとっての問題でもあるのだから。不毛にして非効率な趣向であるが、それが優美にして理にかなったやり方に少しずつ置き換わることを待望しつつ、それまでの間、われわれはそれを受け入れざるを得ないのであった。

最初の滞在地はベルリンであった。何日かの滞在の間、連載記事の執筆準備以外に煩わされることなく、わたしはスポーツの選手たちを導く「精神の状態」をつぶさに観察することができた。それは卓越したものではなかった。しかし、ドイツ帝国政府はパリの万国博覧会に相当の関心をもち、そこに明確な手応えを感じていた。現に、翌年のドイツの出展の場はシャン・ド・マルスの博覧会の「目玉」となり、仏独両国間の緊張緩和に資することと大なる空間となったのである。一八九九年には、そうした状況は思ってもみなかった。ドイツの委員の主催によってパラストで開かれた会合に招待され、ついで昼食会となった。この昼食会の「寒々とした」様子は、会合のもつ微妙な空気を引き継いでいた。決定的な悪意といったものが介在していたわけではないが、ドイツの選手たちにはパリにおもむいた際に「心無い野次を浴びせられるのではないか」という士気に関わる安全に対する懸念があらわれていた。こうした懸念は、パリ在住のドイツ人が会合の出席者の一人に書いて寄越した与太ばなしによるものであるが、その出席者はごていねいにも、その手紙の一節を朗読する始末であった。ましてや、会長のアンハルト公子アルベルトが、適切な折に仲裁しようとしなかったのもひどいはなしである。もちろんのこと、わたしは抗議した。ドイツ不参加を提案するものこそいなかったものの、参加に対する熱意が欠落していることも明白であった。当時のことを思い合せると、近年の仏独両国間の関係は、悲劇的で血なまぐさい第一次世界大戦という出来事はあったものの、かなり密接なものとなっている。そこにはスポーツの精神による輝かしい進歩を認めることができる。一九〇〇年には、スポーツの精神は、真のスポーツマンのうちに本能的に備わっているのみであった。世論はそれがどのようなものであるかについて、なんら考えを持ち合わせていなかったし、御想像のとおり、ましてや行政関係者においておや、である。そのうえに、もしシャン・ド・マルスの選手たちにおいてスポーツ精神が欠落していようものならば、かれらの卓越せる専門性また何するものぞ、である。委員の関心事について、時折、明瞭ならざる情報が駆けめぐったが、そこにはなんら有益な情報はなかった。まずもって不可解なことには、すでになきラ・ロシュフーコー委員会が、外国向けの交渉を継続しているように見なされていたことである。当然のことながら、そこからの返信はなく、おかげを以ってＩＯＣ会長に照会が来る。苦情の件数は増加した。開会六か月前にあたる十月十一日には、カスパー・ホイットニーがアメリカの不満を表明した。二十三日には、イジー・グートがプラハの実情を伝えてきたが、何が起こっているかも、何をどうすべきかも知らされないので意気阻喪の態である。ほどなく、コペンハーゲンからも同様の警鐘がもたらされた。これらはことごとく、スローンがいみじくも指摘した「すべて素人から成る組織による」大会運営への不信の表明である。わたしはつねに、これらの後始末を求められた。ホイットニーは愚直にもパリのアメリカ大使に向かって、オリンピックを万国博覧会の公式のプランから取り下げてもらい、「資金と自由な裁量」をＩＯＣによって選ばれた人々の手に引き渡すべきだと主張するのだった。それから一九〇四年四月十四日には、フランツ・ヨゼフの侍従であったトゥン・ヴァルセッシナ伯爵が、「パリ大会に関して」ＩＯＣのオーストリア委員の発言権を要求してきた。カナダもまた同一の歩調を取ってきた。

とかくするうちにも時は過ぎてゆくが、何事も起こりはしない。事務局不在のまま、新規の小委員会だのおびただしい規則のたぐいが出現する。ヴァンセンヌは開催場所からはずれ、資金も競技場もグラウンドもない。それと同時に、何人かのＩＯＣ委員は万国博覧会の役員となることを求められたが、それは競技団体に直接の支持を取りつけ、団体が所有する競技の場所を確保するためであって、とくにレーシング・クラブなどは、陸上競技開催日のために重用される。これではちょうど、一八九八年のわたしの構想を「陳腐で国にふさわしからざるもの」と申し渡して乱暴に打ち捨てるような具合ではないか。

競走競技、跳躍競技、投擲《とうてき》競技の選手権試合は、かくして一九〇〇年七月十九日にブローニュの森で実施された。会長がわたしで、名誉会長を商務大臣のアレクサンドル・ミルランがつとめたが、かれは午後の間われわれと一緒に過ごし、アスリートたちの妙技に関心を示した。しかし、かれはあくまでも「お客さん」として来ているのであるから、わたしはここに至るまでの経過の一部始終を説明することは慎んだ。当時の政治家のほとんどは、先に述べた大学関係者と同じような意見で、スポーツとは一種のオードブルのごときものにすぎず、他の健康的な娯楽と同様に、副次的なものとみなしていたのである。しかし、このような見方を取れば、ボーリングとサッカーは選ぶところがないことになってしまう。「オリンピズム」という言葉は、なにかしらエキセントリックでうさんくさい新奇な用語とみなされた。その六年後のある宴会の席上でも、まだこの言葉は大臣の唇の上に、侮蔑と不信の気配をもった微苦笑をもたらすのだった……もっとも、最近になって認識はあらためられたようであるが。

一九〇〇年の大会のその他の競技については、わたしはここに語るべきものをもたない。そこには数多くの善意が寄せられた。スポーツマンたちは最善を尽くした。数多くの興味深い結果はあったものの、ことオリンピックに関して、記すべきことはなかった。ひとりの委員の言い方を借りるならば「われわれの『作品』を素材にしてがらくたの山を築いた」のである。この言葉は、いまもって正当である。一九〇〇年の大会の性格をみごとにとらえている。いずれにせよ、オリンピックを大きな催し物の従属物とすることには慎重であらねばならないことが明白になった。哲学的な価値は消えうせ、教育的な視点がはたらかなくなるからである。あいにくなことに、オリンピックと万国博覧会の結びつきはわれわれの想定以上に強固であった。以後二回、一九〇四年と一九〇八年の大会は、予算面の問題から、万国博覧会との連携を取らざるを得なかった。一九一二年大会になってはじめて、スウェーデンの尽力のおかげをもって、縁を切ることができたのである。この厄介な結びつきの中で、少なくともオリンピズムは、すこしずつその独立した地位を確保していったのであり、今後はパリで強いられた屈辱的な隷従に追いやられることは、もはやないであろう。

6 アメリカにおける第三回大会とロンドンのＩＯＣ総会（一九〇四年）

一九〇〇年の危機以後に、ＩＯＣは衰頽するどころではなかった。ＩＯＣの同心円――「核」と「予備軍」と「表看板」は、すぐれた新委員たちによって充実していった。ゴッドフロア・ド・ブロネー（スイス）、ホルベック大佐（デンマーク）、クラレンス・ド・ローセン（スウェーデン）、ハワード・ヴィンセント卿（イギリス）が筋金入りの献身的な面々であり、ジェオルジェ・ビベスコ（ルーマニア）、レンチアン氏（ベルギー）、デ・ベステギ（メキシコ）、ド・リボピエール（ロシア）、エブラール・ド・ヴィルヌーヴ（フランス）が、好意的ながらも微温的な面々である。そうして、ザルム‐ホルストマル（ドイツ）、セルゲイ・ベリオッセルスキイ（ロシア）の両皇太子が、「箔をつけて」われわれの格調を高めている。一九〇〇年が終わる前に、第三回オリンピックをどこで開催すべきかに皆の関心が寄せられたぐらいであるから、オリンピックの理念は、失うものよりも得るものが多かったのである。オリンピックがアメリカ合衆国で開催されることは、一八九四年以来の暗黙の了解事項であった。ギリシア、フランス、アメリカ合衆国――開始時のこの「三位一体」は、オリンピックという「制度」の世界的な性格を強調し、確実な基礎固めを行うのにまことにふさわしいのである。

シカゴが早速、立候補した。シカゴ大学総長のハーパー博士は意欲的であり、かれを取り巻く何人かの市民有志たちは熱心な立役者としてフランス領事のメルーを見出した。メルーはわれわれのもとに、熱狂の申し子にして学識ある教授であるアンリ・ブレアルを送り込んできたが、このことについて、わたしはいまでも感謝している。それにしてもシカゴ！　わたしは一八八九年を思い出す。プルマンは当時のアメリカを象徴する百万長者の篤志家で、わたしはかれの書斎の後方の席に座っていたが、そこでは他ならぬハーパー博士が、仰々しくも冷静な口調で、かれの大学の卓越せる所以は「鉄道会社のごとく職責を果たしている」ところにあると説明しているのだった。この都市の第一印象は、屠場と煤煙と騒音の町であったが、しかし、かれの眩惑的な話のおかげを以て、別の印象が上書きされた。雄大で、実際に美しかった一八九三年の万国博覧会を目の当たりにして、わたしはその素早い仕事ぶりと若々しい活力とに感心しないわけにはいかなかった。

オリンピックのシカゴ開催はおあつらえ向きではないかとわたしは思った。しかもアメリカのジャーナリズムが好意的な論調を取りはじめた折も折、ジェイムス・F・サリヴァンによるはげしい非難の書状が公開された。かれの主張によると、問題は何ら解決されてはいない。オリンピック委員会とその会長が、最近パリに設立された「国際的な組織」のためにお役御免になったことを顧みるべし。そしてかれはその組織の「設立者」として、次のような人名を挙げるのであった。すなわち、イタリアのブルネッタ・ドゥッソー伯爵、スウェーデンのベルイ・ペトレ教授、フランスではG・ド・サン・クレール氏とピエール・ロワ、そうして合衆国にはかれ自身である。熱心にIOCに日参していたブリュネッタも、それからベルイ教授も、即座に、きっぱりとこの主張を否定した。ピエール・ロワも同様に振る舞った。サリヴァンは、このぎすぎすとした手紙につづいて一九〇一年三月二十一日付で第二の書状を公にしたが、その中には、いみじくも、つぎのような言葉が認められる。「もし間違いを犯しているのであれば、それを知らせてくれることをいつでもわたしは待ち望んでいるのである」いずれにしても、アメリカの皆が皆、かれに同調していたわけではない。一九〇〇年の終わりに、「モーニング・テレグラフ」紙は「これらのすべては反シカゴのキャンペーンなのである」と宣言し、次のような辛辣な言葉で記事を締めくくっている。「おそるべくも寒々としたこのような状況は、ジェイムズ・サリヴァンがアメリカのIOC委員ではないことによってのみ、十分に納得がいくのである」さあ、論争だ！　よろしい！　委員会の基礎固めには、候補地同士のボクシングのようなパンチの応答を見ることよりもよい機会があろうか？　わたしは、フランスの学校スポーツ導入にかかる功労は誰に帰せられるべきかが論じられた時に、ジュール・シモンが発した斜に構えたような言葉を思い出した。「あるアイデアの豊饒さと実用性は、われこそはその発案者なりと主張する人の多寡で推し量ることができる」

一九〇一年五月二十一日、IOCはパリの自動車クラブで会議を開き、全員一致でシカゴを一九〇四年のオリンピック開催地に決定した。電報でこの投票結果の知らせを受けた学生たちは、「大きなかがり火」によってこの決定を祝ったのであった。わたしは合衆国大統領に宛てて、オリンピック復興の歴史や大会に対する援助の必要性、そうして開会式には大統領みずからによって開会宣言をしてもらいたいことなどを訴える手紙をしたため た折も折、マッキンレー大統領は暗殺されてしまった。そのおかげを以って、副大統領のセオドア・ルーズヴェルトが横滑りするようにして後任となった。かれは確信的な支持者であり、われわれの友人でもあって、爾来、第三回オリンピックの地平には光明が差したのであった。

すべり出しは順調であった。プログラムには、スポーツのみならず、文学や芸術の位置づけも明記されていた。しかも豪勢なことに、英独仏の三か国語版である。一九〇一年の夏には、大会組織委員会総長のフーバー氏がわたしの実家に滞在し、そこでわれわれの間に詳細に至るまでの意見の一致を見たのである。しかし、年末に向かうにつれて、手紙のやり取りの中にある種の心のゆらぎやわだかまりが感じられるようになってきた。その理由は、ほどなく明らかになった。一九〇三年は、ルイジアナ州がフランス初代総督のナポレオンから合衆国に譲渡されてからの百周年にあたる年で、ミズーリ州のセントルイスで大がかりな万国博覧会が開催される運びになっていた。そのちょうど十年前の一八九三年、シカゴは全アメリカの名のもとに、コロンブスのアメリカ発見四百周年を記念する万国博覧会を開催したが、セントルイスの万国博覧会準備も予定どおりには運ばず、一九〇四年に開催されることとなった。その結果としてもたらされる観客増がシカゴ大会の成功をもたらすと考えるのは自然の流れである。しかし残念なことに、この両都市の間にはかねてからの遺恨と対抗意識が存在した。セントルイスが大会開催を強く主張した。必要とあらば、市が独自に大会を組織する用意があるとまで言うのである。この脅しめいた言い方は、当初はやりすごされていたものの、一九〇二年になると、次第に力を増していった。シカゴでは、かかる開催地移転に抗議せんとする「市民大会」は開催されたものの、大会組織者の間にはなにがしかの動揺が見えてくるのであった。ハーパー総長は、結論をわれわれの決定にゆだね、われわれの望むとおりの「結末にまで従っていく」旨の書状をしたためた。この手紙は、ある種の懸念につらぬかれていた。わたしは、かれの手紙を受け取る以前に、誰よりも正確に状況を見極められるだろうと考え、アメリカ大統領に手紙を出している。一九〇二年十二月二十三日、委員の賛成多数によるメッセージを受け（賛成十四、反対二、棄権五）、ルーズヴェルト大統領に非公式の判定を求めたのであった。わたしの予期にたがわず、かれは移転を支持したのだった。多くの電報が届いた。シカゴは敗北し、セントルイス万国博覧会会長のデヴィッド・R・フランシス氏は、生き生きとした感謝を伝える電報を送ってきた。サリヴァンはと言うと、熱烈な支持者として、わたしに向かって、この大会は「かつて世界で見られたことのない、もっともすばらしいスポーツ競技の結集になるであろう」とまで言うのであった。

世界はこれをどう見ていたか……と言うと、関心はいまだしである。この夏、わたしはバイロイト音楽祭におもむいて、ワグナーの音楽の供犠・情熱の趣を味わい、そこで得た印象を整理しつつ、オリンピックの領域に関して熟考することを得た。音楽とスポーツは、わたしにとってつねに、もっとも完全な「外界から孤立する場」であり、省察と新たなヴィジョンを生むもっとも豊饒な手段であり、それと同時に根気を導く源泉で、それにはあたかも「意志に対するマッサージ」のごとき効用があった。要は、困難や危機に際して、すべての不安をたちどころに追い払うものであった。第三回オリンピックは盛大に開かれるであろう。経験に富む連中が責任ある地位を占めている。かれらとて、おそらく多くの間違いをしでかすでもあろうが、しかし一九〇〇年の前任者が見舞われたような厄介事の懸念は皆無であろう。オリンピックという名称、国家元首の臨席、デイリープログラムの巻頭に委員名リストを掲げることによるＩＯＣの権威づけ……これらすべてが確定した。唯一気がかりな点は、アメリカ人が実態を過大評価しているきらいが見受けられることである。とりわけ（当時三人いらした）宮様に対するのと同様の殿様扱いを、ＩＯＣの委員に対して行うのである。われわれの会議にあたっては、豪華美麗な部屋が用意されてしまう。わたしは、それと気取られないように、会議の招聘を辞退しようと決心した。なにせ六、七人の集まりに対して三十人規模の部屋を用意しかねないのである。してみると、「ＩＯＣの委員会開催とは、なんとも煩雑きわまるものではないか！」と言われそうであるが、そうしたものでもない。ＩＯＣの委員会は、事実、一九〇四年に召集されるべきである。それは「出発」の時が来たからであり、今こそ自らの姿を御披露目する好機だからである。しかしそれはロンドンで、ロンドン市長官邸の古式ゆかしき建物において、エドワード王の後援のもとに開催されるべきであろう。古きイギリスの良さを抽出した威厳をできる限り多く周辺に配することによって、発足間もない若い事業の後ろ盾とするのである。そうしてロンドンでは、ＩＯＣは永遠の都、光輝あるローマに対して、四年後の第四回オリンピック大会を組織することを託することになろう。

万事は、この腹案のとおりに進んだ。あらゆる点から見て、ロンドンの総会は成功であったが、おしむらくは、ケンブリッジ、オックスフォード両大学やスポーツ教育学の開祖の地たるパブリックスクールのラグビー校からの関係者の参加が得られなかったことである。しかし、親友のＲ・Ｌ・ラファンやハワード・ヴィンセント卿は、六月十九日から二十七日までのまるまる一週間を占める会期の間、会議の余事としてのさまざまなイヴェントをたくみに手配してくれた。大邸宅における昼食会、ウェストミンスターでのディナー、そして名高く豪勢な漁業者ギルドへの見学会やウインザーやハーリンガムへのハイキング等々である。ところで、わたしの仲間たちは皆、オリンピックの復活と大学とが連携を取ること対して、わたしと同じように熱心に望むことはなかったように思われる。すでに申し上げたように、当時のアメリカは諸大学が運動競技を支配していたわけで、それは既成の事実であった。しかし、ヨーロッパではまったくそのようなことはなかった。わたしは、学生たちに対して――いや、むしろかれらのスポーツに対する考え方や、かれらの指導教授たちのスポーツに対する考え方との関係に対して——ここで批判は行わない。こうして話をそらすのは適切でないかもしれないが、しかし、さまざまな領域において大学が世間に与える影響力は（オリンピズムもその中のひとつであるが）、一八九〇年から一九三〇年にかけて、残念なことに、終始一貫して、確実に減退していったのである。それらはちりぢりばらばらになり、しばしば脇道に迷い込み、あるいは不毛な袋小路に入り込んだりして、世間との交渉のための大道の長い網の目に対して根気よく働きかけていくことなどは、ほとんどなかった。遅きに失したとはいえ、学生たちがスポーツに足を踏み入れたとき、かれらは自分たちのためにオリンピックを求めるようになった。労働者たちもまた、同じことを求めた。わたしがこの両者に対して相異なる態度で臨んだことに対して非難を受けることとなったが、この事情については、折を見て釈明したいと思う。

一九〇三年三月二十一日、イタリアの上院議員のトダーロが「イタリア体操連盟会長」の肩書のもとに公式に伝えてきたところによると、数日前のイタリア競技諸団体の会合において、第四回オリンピック開催候補地として、満場一致でローマが決定したということである。ＩＯＣは会議を開催することなく、静かに鳴りをひそめた状態で、三年が過ぎようとしていた。代わりに近況を掲載した通信を発行し、会員相互間の連帯や、スポーツ関係諸団体や国とオリンピック委員会との対応関係を強めようとしていた。ロンドンの会議は、この間の努力のすぐれた成果に脚光を当てるものであった。

ローマの立候補は、一時、トダーロ委員長があきらめかけていたが、イタリア連盟の書記官Ｍ・Ｆ・バッレリーニが根気よい唱道者となった。ブルネッタ・ドゥッソー伯爵も、わたしの求めに応じて献身的な援助を提供してくれた。立候補に対する反対は、各地の郷土愛に対するこだわりのみであったが、当時は現在に比して、それはずいぶんと根深いものであった。ローマ優先は、全国的に認められていたわけではなかった。ミラノはイタリア半島におけるスポーツの唯一の首都だと自認していたし、トリノもまた、おのが主張を有していた。

しかし、ミラノやトリノでのオリンピックでは、ありきたりのものにとどまり、われわれの目的になんら裨益することはなかっただろう。わたしがローマ開催を希望した理由は、そこがアメリカの実用一点張りの方向に道をそれてしまった大会に、ふたたび芸術と思想とで織り上げられたオリンピズムという寛衣をまとわせ、わたしの考える原理原則へと復帰させることができる唯一の場所であったからである。

投票は、ドイツの委員たちがみずからベルリンの立候補を取り下げたおかげもあって、正規の手続きのもとに、われわれの望むとおりの結果となった。わたしはここに、古代ローマに対する国を超えた敬意の現われを見て取った。このことはまた、将来、複数の都市間で同時開催しようと考える傾向への有効な反撃ともなるであろう。これまでのところ、この点に対する異論は生じていなかった。アテネ、パリ、シカゴ、セントルイスと、いずれも単一の中心地として考えられてきた。しかし今回は、新聞にしても委員会にしても、一九〇八年の大会はイタリアで開催と論じているが、その裏には、イタリアの複数の都市における分散開催がほのめかされている。これは、何をおいても避けるべき重大な危機である。われわれがローマを提案し、執拗に根気よくローマのみと主張した理由はここにあった。投票が終わると、ただちに結果はイタリア大使館に伝えられ、大使は国王とローマ市長のコロンナ皇太子に対して、われわれのあいさつの言葉とともにそれを電報で知らせたのである。すでに二月二十七日には、首都における市議会はこの件について議題とし、開催地となった折には必要な支援を行う旨の決議を行っていた。コロンナ皇太子の回答は、熱意のこもったものであった。王室大臣の電報は少なからずはっきりとした書き方で、ＩＯＣが「第四回オリンピック大会開催地にローマを選定したこと」が「心からなる共感のかくも有効なる証し」をイタリアに与えたことについて、王が熱烈なる謝意を伝えるように命じたことを伝えている。

そのしばらくののち、ゲープハルトとケメニーは、大会の主催者に宛てたわれわれの機密のメッセージを携えてアメリカに向けて船出した。ヨーロッパにおける地歩が固まりつつある一方、ＩＯＣとしては、アメリカにおける組織の弱体ぶりに注意が向かわないようにすることが望ましかった。前に示した主要な点については対応済である。さらにその上を求めるのは、あつかましいと言われかねない。「機の熟するのを待つ」がわれわれのモットーである。

それにしても、セントルイス大会は魅力を欠いていた。わたし自身にしてからが、まったく行きたいとは思えなかった。わたしはミズーリ川とミシシッピ川が合流するこの場所を地図の上で目にする度に、この幻滅の都市に対する腹立たしさを思い起こさないわけにはいかない。以前、フェニモア・クーパーを読んだ折には、風変わりで響きのよい名前の大河が遭遇する情景に期待を寄せたものだ。しかし、そこには美もなければ、独創性もなかった。わたしは、オリンピック大会は開催地に似つかわしいものとなるのだなと納得した。もっとも、「独創性」としては、プログラムの中にひとつだけ、どうにも感心できかねるものがあった。すなわち「人類学の日」と名付けられた二日間の奇妙な催しで、黒人、インド人、フィリピン人、アイヌを陳列するもので、ここにさらにトルコ人やシリア人も加えられようとしていた。これは二十六年前の出来事である。それ以後の世界に進歩はみられず、またスポーツの思想も進展してはいない、とあえて申し上げることができそうである。

7　順調な会議といくつかの成果（一九〇五年）

わたしが「オリンピックに関わった歳月」に関する記憶を眺望してみると、一九〇五年という年は、最も輝かしいとは言えないにしても、もっとも有意義で、またしっかりとした成果の豊饒であった年のひとつではあった。その年は、かなり長期間ローマに滞在することからはじまったが、目的は二つあった。一九〇八年の第四回オリンピックのローマでの開催を確実にすることと、教皇庁に対して、スポーツ教育の場において多くの聖職者たちの間に広がっているある種の禁止事項を解除してもらうことである。前者は目的を達しなかったが、後者は十分な成果を収めた。

万事は次の大会の成功に向けて結束しているように見えた。当初、ローマはあらゆる資源を使えるように準備したが、これはアテネには見られなかったことである。国王から末端の官吏に至るまで、すべてが好意的に動いているように感じられた。しかし、じつのところ、この好意には熱狂が伴っていなかったが、事を進めるにあたって、またそれを基礎づけるにあたって、古代ギリシアへの熱狂というものが必須ではなかったか？　そこにはまだ、主導する仕組が必要であった。先年、ブルネッタ・ドゥッソー伯爵が作った組織委員会には「長」たるものがいなかった。適任者が見つからなかったからであるが、そのおかげを以って、わたしが先に言及した地方分権主義の行き過ぎをたしなめることができなかった。地方分権主義といっても、わたしは当時のイタリアにまったくまとまりがなかったなどと言うつもりはない。たしかに、ピエモンテとヴェネツィアとローマとナポリとシシリー島の間で相互に分離すべきだというかつての主張の名残など、みじんも見られなかった。しかし、おのおのの気質や個性、発想法や仕事の仕方がたいそう異なるので、真に国益に関する問題でもない限りは、協力は容易ではなく、誤解軋轢は日常茶飯事として継続した。わたしはここで、交渉の詳細や功名心から生じた論争などについて立ち入ることは控えよう。そのことについては、すでに一九〇八年に上梓した『思い出の記』のなかに触れているし、いまでも当時の見解と変わってはいない。十一年前のアテネの場合と同様に、わたしはみずから個人的に不都合なまでに遅れが明らかとなった仕事を肩代わりしなければならなかったし、大会の計画や予算案も、わたし自身で作成しなければならなかった。王と女王はボルゲーゼ公園内の「シエナ広場」の利用を勧めてくれたが、ここは申し分のない美しさをもつ自然の競技場で、事実、陸上競技にとって素晴らしい場所であった。わたしは体操競技の会場に練兵場を、またカラカラ浴場を格闘技の場に選定した。場所は素晴らしく、そして会場の整備も容易である。トル・ディ・クイントは馬術と諸競技に供せられ、テヴェレ川のモッレ橋とマルゲリータ橋の間は漕艇と水泳、カピトリウムの丘は儀礼と接待の場である。あらゆる所与の条件をふまえて作成した当初予算は十二の項目に分かれている。総額は三十万三千リラであった。古きよき時代である。一八九六年や一九〇〇年の大会のように、一九〇八年の大会もまた、精鋭による大会となるべきことをわたしは想定していた。五百人の選手とおおよそ一万五千人から二万人ぐらいの観客である。予算の中には賞としての小像とメダルの製作費も含まれているが、その鋳型は個々の大会終了後に壊すとなるとたいへん割高なものとなる。（わたしはつねづね、鋳型を各大会で持ち回るようにすればよいと主張してきたが、受け入れられることはなかった）また、そこには大会事務局長の報酬も含まれる。事務局長のポストには、わたしはフランス競走クラブ幹事長のガストン・レイモンを提案し、本人の承諾を得た。

法王庁との交渉は、さして面倒なことはなかった。法王ピウス十世は、ヴェネツィアでゴンドラの船頭たちにレガッタの賞を与えていたし、枢機卿のメリー・デル・ヴァルは法王庁の国務長官で、イートン校の出身者でもあって、他の多くの宗教的教育機関の長とは違って、スポーツに対する偏見を有しない人物であった。（ここに言うスポーツとは、真正のスポーツや競技スポーツを指しているので、それまで学校の中で人気があったレクリエーション的で、他愛のない遊びのことではない）教皇は、ローマオリンピックの計画に関心を寄せ、はなはだしい好意と期待とともに、その意向のあることを近く明らかな形で示そうと語った。季節が明けると、巡礼の途上にフランス、ベルギー、その他の国のカトリック教会の後ろ盾のもとに体育祭が開催されたが、ヴァチカンの名高い聖ダマススの中庭では、法王みずからが主催した。たいへん暗示的な光景として写真に撮られ、以後、これはオリンピック史を示す各種の資料につねに用いられる定番となった。

一九〇一年の春に、ＩＯＣはパリで会議を開催したが、それは三つの提案について集中して討議するために招集した国際会議で、スポーツの規則の統一がテーマである。ひとつはドイツの仲間たちによるもの、いまひとつはスウェーデンのさまざまな団体によるもの、三つ目はアメリカのアマチュア陸上競技連合によるものであった。第一の提案は、今後あらゆる競技会において義務的に従うべきスポーツの規範を制定しようというものであった。これはあまりにも権威主義的にすぎるるし、また、専門性に通暁した団体や協会をさしおいて、ＩＯＣにかくも断固たる法案の発議権があるものだろうか。ここに、オリンピック大会と通常の国際選手権大会との間に長引かざるを得なかった混乱が見て取れる。ＩＯＣのメンバーは、「オリンピックの理念の守護者」であって、四年ごとの大会で、その理念を満たし、浸透させてきた。このことは、実際の大会運営の専門性に取って代わることを意味しない。これは、委員会の外部の人間には理解しにくいかもしれない――往々にして、委員自身でさえ、理解していなかったぐらいだから。

二つ目の提案は、先にも申し上げたとおりスウェーデンによるもので、いささか一面的にすぎ、予期しがたい複雑さをも含む諸問題を整理するにあたって理屈に偏しているきらいがあって、これは北欧に理解が深い外国人にとっても、しばしばついて行きかねるところがあるスカンディナヴィア人気質のなせるわざである。すなわちオリンピックを改革するにあたり、それを完全に進めるためには、プログラムから厳格に近代的な要素を排除して、古代に実施されていた競技のみに限るべきだというのである。この提案の否定的な性格や、実行しがたく、また、最終的にはわれわれの事業を破壊しかねないものであることについては、あらためて申し上げるまでもないだろう。

ひとり三つ目の提案のみが、推奨に値するものであった。L・P・シェルダン氏は、アメリカ陸上競技連合がこの提案のために代表として派遣してきた人物であるが、IOC委員の前で自ら説明することを認められた。その説明には才気と節度があった。かれの提言は、スポーツ大会における競技規則の問題に関心をもつ人々の間で意見を交換し、そしてその結果として同意を得られたことについて、われわれの権威を以ってそれを支持すべきだというのである。異論の余地があろうか？　これぞまさしく、IOCの精神と原点への回帰ではないか。

このことについては、ブリュッセルの会議に持ち越された。同年、一九〇一年の十二月に、ベルギー国王レオポルド二世がパリに短期滞在しておられたのをさいわい、わたしは会議への臨席と資金提供を願い出た。レオポルド二世は、当時の元首の中で、おそらく最も威圧的な人物であった。一種の関節硬直が、つねに杖をついた、直立の姿勢を取らせており、来客の折もサロンの中で同じ姿勢で対応し、はなしに興味があるときでも、長時間同じ姿勢を通すのである。背は高く、つねに若干冷笑的な目つきで、簡明直截な物言いなどが、かれを端倪すべからざる人物と見せていた。来訪者がお気に召さぬとなると、たいそう不機嫌な様子を見せてしまう。かれはスポーツを愛しているのだろうか、あるいはむしろ、かつて愛していたのであろうか。わたしはその点をつまびらかにはしないが、個人の能力を形成する道具として、かれはそこに大きな価値を認めていたし、また、そこに植民地運営に資するものを想定していた。何年かのちに、かれは「拓殖予備学院」の規約とカリキュラムについて、わたしに意見を求めてきたが、わたしはよろこんでかれの照会に応じて、完璧たらんことを期した。もちろん、スポーツの展開は、そこに大きな役割を占めていた。その企画は挫折した。非宗教的勢力と国王が同意することは予期していたとおりであったが、修道院の影響下にある連中が横車を押してきたのである。

一九〇四年に開催予定だった会議は、一九〇五年に延期になった。ここで「切り札」として、ベルギーに新たな仲間としてアンリ・ド・バイエ・ラトゥール伯爵が加わった。かれは二十年後にわたしの後任としてIOC会長となるのであるが、それまでの間、かくも長きにわたって、われわれの間にあって最重要の役目を果たし、またオリンピックのために目覚ましい貢献を行ったのである。伯爵の前任者は、会議の重責におそれをなして突然辞任した。じっさい、あまりにも唐突な話であったので、すんでのところで決闘にもなりかねなかったのであるが、IOCに好意的であったフランスの外交官のとりなしで、事なきを得た。

一九〇四年十月七日、個人的な知己であったベルギー首相のド・スメ伯爵が伝えてくれたところによると、外務大臣がベルギー公使を通じて招待状を届けることを受け入れたというのである。これは大切な点である。また、かれの言うには、ブリュッセル市長のド・マックス氏が、かの名高い市庁舎での受け入れを拒んだことは残念なことなのであった。しかし、バイエ氏が手配してくれた学士院会館の方が、結局のところ、場所も使い勝手もよかったのである。

会議の開催は、（一九〇五年六月に）まさにここで行われたのであった。おごそかな催しの劈頭を飾ったのは、パリから招いたフランス文芸家協会会長マルセル・プレヴォーの講演「スポーツの訓練における精神について」で、この講演は、専門性のみに傾きがちな会議の弊を避けるのにあずかること大であった。ル・アーヴルの場合と同様に教育学の面にも目が向けられることになった。プログラムは多岐にわたった。それは、さまざまな領域におけるあらゆるレヴェルの問題に対応することを目指していた。発表のテーマを網羅したリストは八つ折判で五、六ページを埋めてしまうほどであった。ここで深い探求ができないのは申すまでもないが、むしろ顔見世興行的な御披露目なのである。討議の中でひとつ、いまも興味深く思い起こされるのは軍隊内におけるスポーツの役割であった。フランス人のパネリストたちは、そこに肯定的な見方を示しはじめたが、ドイツ人パネリストたちとかれらを支持する者たちは、あからさまな反対を表明した。かれらによれば、それは兵隊の育成上、単なる時間の無駄にすぎず、また、はなはだしきに至っては規律を毀損しかねないのである。十年の後、かかる偏見が一掃されたのは、事実の力とスポーツのトレーニングの価値が第一等級の重要性をもつことが急速に認められるようになったことによる。

ＩＯＣの総会は、会議の最中に開催されたが、豊饒にして好ましい結果をもたらした。ドイツの委員会は、引退するザルム‐ホルストマル皇太子に代わる新たな会長として、将軍のフォン・デル・アッセンブルグ伯爵を指名した。このやり方はＩＯＣの精神そのものの逆を行くものであって、この点は譲歩するわけにはいかない。しかし、会議に代表として参加していたわれわれの仲間たちが将軍と非公式に接触を取った折に、将軍はドイツの委員会のやり方はおかしいと明言し、それはＩＯＣのメンバーたちの自由な判断に委ねられるべきだと理解しているると言うのである。われわれは、大歓迎でかれを選んだ。かれは魅力あり、信頼のおける人物であった。かれはオリンピズムにただちに心酔した。かれはブリュッセルの会議をつとめて快適なものとすべく尽力した。けだし、周囲の状況はかなり微妙なものだったからである。ヴィルヘルム二世がタンジールに上陸したのちの一連の出来事の結果、デルカッセが引責辞任したばかりのことである。近く起こるかもしれない戦争が話題となっていた。ベルギー人は猜疑的になっていた。また、スカンディナヴィア勢はスカンディナヴィア勢で神経質になっていた。というのも、ノルウェーがだしぬけにスウェーデンからの分離独立を求めたからで、事は摩擦なしにすむべくもない。しかし、こうした事情一切とはかかわりなく、会議はスポーツ的なよい雰囲気の中で進んでいった。二百人を超える参加者によるこの会合は、小委員会に分かれたり、全体会に集合するなどして、公益を推進しようという唯一の卓越した精神のもとに討議がすすめられたのである。

申すまでもなく、志あるところに道は開ける。会議がいまだ濫用されることのなかった往時にあっては、「志」にもなにがしかの価値はあったのだ。とりわけ、会議の規模の大きさは、ＩＯＣが大きく面目を施すものであった。

その直前に創設されたイギリスオリンピック協会は、ドイツオリンピック委員会と対になるようにして、われわれの事業の力強い両翼となった。爾後、ロンドンとベルリンは、われわれとともに、またいくつかの点においてはわれわれの庇護のもとに、オリンピックの恒常的な焦点として活動した。このおかげをもって、アテネに対するわれわれの立場も、かなり強固なものとなった。ギリシアのIOC委員メルカティは、この状況を見て取って、ギリシア皇太子が次回のオリンピック招致に能う限りの支援を継続していることとの妥協策をすぐさま持ち出した。かくしてギリシアにおける番外の中間大会が一九〇六年に開催されることとなった。IOCがこの大会を後援することは了解事項であり、また各国のIOCメンバーによってすでに設立されていた各国の委員会もそれを支持した。一八八七年以来、西ヨーロッパはもっとも危険な政治的緊張につらぬかれた時代であったが、その中で開催されたブリュッセル会議においては、われわれがかつて有することのできた最大限のオリンピックによる平和の実現というものを見ることとなった。しかし、このことは敵方の武装解除を意味するものではなかった。

8　文芸の召還（一九〇六年）

「離婚した『肉体』と『精神』という夫婦」を仲人の前に連れてきて元のさやに収めるだけでは十分でない。（この場合、さしずめコメディ・フランセーズ支配人でもあった劇作家のジュール・クラルティ氏が仲人で、コメディ・フランセーズの格式あるフォワイエが式場で、バルテ夫人とムネ・シュリー氏が立会人といったところだ。）そこから子どもたちをつくる必要があるのである。しかし、この結びつきの「子ども」たる成果は、以後ほぼ二十年を経た一九二六年になっても、ほとんど認められないのである。しかも、初期の成果にしても、いかに多くの不具や死産に見舞われたことか。しかし、一九〇六年には、この両者を復縁させることのみを課題として、両者の一体化を後押しすべきであると思われたのであるが、じつのところ、両者に対する本当の配慮というものはなかったことを申し上げておこう。しかし、この婚姻には重要な意味があり、しかもそれは豊饒なものとなるのだった。

このことについては、すでに何度も申し上げて来たので、いまさらのように繰り返すのもどうかと思われるのであるが、それでも、多くの人々は、いまだにこの点について理解していないのである。オリンピックはたんなる世界選手権大会ではなく、「人生の春」にあたる世界の若者たちのための四年の一度の祭典であり、情熱を傾けた努力、さまざまな大志、人生の端緒に現れる各世代のあらゆる形態を取った、みずみずしい活動性の祭典である。かつてオリンピアの地において、スポーツの周囲に作家や芸術家たちが集まったのは、まったく偶然のなせるわざではなく、この比類なき集まりは、古代オリンピックという制度が享受した権威に由来するのであった。わたしが復活を望んだのは、千年にわたって継続した制度の形式面ではなく、その原理をなす考え方なのである。そこには、わが国に対してのみならず、人類に対して必要とされる教育的な指針が認められるからで、わたしはそこに古代に見られたような力強い支柱を復元すべきであった。知的な支柱、モラルの支柱、そしてまた、ある意味において宗教的な支柱である。現代社会では、そこに新たに二つの力が付け加えられる。専門性における改善と民主的な国際性である。

一八九六年のアテネは、現代の若者たちと復元されたペリクレスの競技場とがはじめて出会う盛大な儀式であったが、そこにスポーツの理念に着想を得た芸術や文学の新たな作品が入り込む余地はなかった。

そんなものは子どもだましだと思われた。たしかに、いっぺんですべてを改革することはできやしない。壮大な規模をもつ長期にわたる事業においては、すべて、ひとつひとつの手順を積み上げていくことが最善であるとわたしには思われる。一九〇〇年のパリでは、すでに申し上げたような好ましからざる状況があったけれども、万国博覧会は、細部の成果や固有の性質の発露たる新たな様式や発想というたいへん大切なものがほとばしり出る場を与えたのである。（シカゴは、立候補時からオリンピックのこの問題について関心を示していた）以前申し上げたように、プログラムにはいささかの不手際は認められたものの、芸術や思想に対する誠意と熱意が認められた。この意味において、セントルイスへの会場変更は不幸であった。

この問題についての発議が、いま一度先延ばしされる結果となったからである。ローマはいまや、地平線上に姿を消しかけていた。ためらい——開催せんとする願望と意欲の鈍化——が明らかになった。それは、国家統一後もなおその裏に認められる、極端に過ぎた地元優先主義に帰せられる。いま一度の会場の変更は、ロンドンを念頭に考えられるべきだろう。そうすると、時間はないし、多くの処理すべき案件もあり、そんな事情から、芸術はおまけの扱いとなってしまうのであった。この運動に対する必要な対策が手遅れになる懸念から、わたしは「芸術と文芸とスポーツの評議会」を一九〇六年春に招集することを決意した。これは同時に、わたしができれば避けたいと思っていたアテネ行を実施しない理由にもなる。現在、われわれとギリシアオリンピック委員会がよい関係にあるのは、問題に対する真剣な調整の結果というよりも、むしろ相互の立場の尊重の結果としての歩み寄りによるものである。それにしても、一九〇六年の「番外」の大会の名称はどのように名づけるべきであろうか。また、何年おきに開催すべきだろうか。わたしは、深く考えることもなく、四年間の中間の年に開催すればよいかなと考えていたが、この考え方は却下された。アテネで、十年ごとに開催するという考え方も見られたが、それでは一九一六年に二つの大会が重なってしまう。どちらの考え方にも確固たるものはなく、状況は、つねに少しばかり調子の狂ったものとなっていく。いずれにしても、大会の間には小さな衝突や難問がいくつも生起するであろう。わたしが現地にいなければ、皆にとってもいろいろな問題にとっても好都合である。ブルネッタ・ドゥッソー伯爵がわたしの代わりをつとめ、可能な限りわたしの見解を述べるという手筈になっており、このやり方で諸種の難問について拙速の対応を避け、回答を先送りにすることができる。

わたしはここで、アンドレ・ボニエの魅力ある微笑を思い出す。この洗練された作家は、のちに運命のいたずらで早逝することとなったが、わたしはかれが勤めていたフィガロ紙の事務所を訪れ、コメディ・フランセーズで開催する評議会の招待状を渡したのである。そこには次のように記されていた。「近代オリンピックに対して芸術や文学はどの程度まで、またどんな形で参与することができるであろうか。そしてまた、それらがスポーツの実践に参画することによって、そこにどれだけの利点があり、スポーツの質をどれだけ高めることができるであろうか。以上の検討のためにおいでを乞う次第」「すばらしいテーマだなあ。選んだ会場にぴったりじゃないか!」と、かれは繰り返した。会場は、たしかに少し立派すぎたし、会場借用を申し入れた当初、ジュール・クラルティは驚いたものだ。しかし、かれは事情を理解し、微笑んで評議会の開会式の司会を引き受けてくれたが、そこには数多くの芸術家や名だたる文士たちが招かれていた。じっさいに来たのは、およそ六十名といったところだが、初日の来訪者はあくる日の議論にもやってきて、計画を練り上げることに参加してくれた。ジャン・リュシュパン、ブーゴール・デュクードレイ、ポワルポは熱心に賛同した。行進、大合唱、大きな壁画、勝利への頌歌などが、かれらの想像力に光を当てた。それを冷ややかに見る者もいれば、単に今後待ち受ける困難を数え上げる者もいたが。原理原則は「古典への畏敬」という言葉に尽きる。古典と紋切型を同義語と捉える若い芸術家たちは、あきらかに、この主張するところが成功するか否かの結果に従おうとしていた。この種の懸念から、かれらは理念に背を向けていた。さらにまた、建築家はそこに必要とされる形態を表現することができず、画家はスポーツを描くにあたって、同時代の主流とは逆に色彩よりも線に重きを置くこととなり、また音楽は歌を大勢で野外において歌うという特性を失い、文学においては、みずからが力強い筋肉のよろこびというものと縁がないほとんどの作家たちにとって、かれら以上にそうしたものと縁がない読者大衆に向けてものを書くということは、土台無理なのである。

諸外国にも参加を要請していれば、ある程度はとりつくろうことができたかもしれない。わたしの大きな失敗は、慎重さのなせるわざであったが、招待状の送り先を十分な理解のある人のみにとどめなかったことであった。おかげで数多くの激励の電報はいただいたものの、有効な援助はなんら得られなかったのである。ひとりロンドンの王立芸術院のみが真率な好意を示してくれたが、これは次回の大会にとって（ロンドンは、日々有力な開催地候補となりつつあったが）吉兆であった。開会式にあたって、ラファンは再度フランス語でたくみなスピーチを行ったが、感激したバルテ夫人はクラルティの席のうしろから身を乗り出してわたしの腕をとらえ、好奇と感嘆の情を込めてわたしに聞くのだった。「あの方はどなた？……どなたなのかしら？」

いずれにしても、一九〇六年の会議はＩＯＣに対して新競技創設の提案を行うことでその主たる目的を果たした。すなわち「建築、彫刻、音楽、絵画および文学の五分野で、スポーツの理念から直接に着想を得た未発表作品の競技を行うこととし、これらの競技は、以後、各大会の構成要素として加えられる」この種の競技をＩＯＣが単体で創設するとすれば、物笑いの種となっただろう。これを導入するにあたって、権威ある専門家団体に依頼したおかげをもって、支持を得ることとなったのである。

この点において、ソルボンヌにおけるスポーツと芸術の祭典で幕を閉じた評議会は、その主目的を欠かさなかったことになる。新たなオリンピック憲章は、かくして完成を見たのである。しかし、まったく完全というわけではない。一八九四年の最初の会議において（ここで創設されたばかりの）ＩＯＣに対して寄せられた一連の要望のうちに、「過去の行状によってオリンピックという制度の尊厳を傷つけかねないような人物は誰であれ、競技の場から締め出すことができるという権限が、規程の中に条項として加えられるべきである」というものがあった。この条項は、べつだん、作家アンドレ・ボニエの歓心を買わんがためのものではなかった。洗練されていないばかりではなく、文意も明晰さを欠いている。しかし、この条項が導入されるに至ったのは、モラルの上でなにがしかの歯止めをかけたかったからであり、近代のオリンピズムを少しずつ、競技の純粋化という、古代のオリンピズムがその基底に有していた理念に立ち返らせたかったからである。

それには、どのような形態を取るべきであろうか？　この点について、わたしにはとくに目算はなかったが、同時にアマチュア規定の問題という難問も解決には至っておらず、ここでわたしが思いついたのは、競技開始にあたって宣誓を行うことで――それによって儀式は感動的なものとなり、また競技者には自らの名誉への誓いによって、自分自身の規律の追及へと問題点を単純明確化することができるのである。

当時のスポーツ界では、こうした新しい発想に対する意見の持ち合わせはまったくなく、わたしの発案の披露は冷笑と抗議を呼び起こすにすぎなかったので、わたしがはじめてこの提案を公にしたのは、青少年クラブ連合においてである。そこには五万人のメンバーがいた。この提案は数多くの攻撃を受けたが、しかし、ともかくも乗り切ることができ、そして競技の領域において本当にどうすべきかが誰にも分かっていないことが明らかになった。一九〇六年春の連盟の行事を終えてから、わたしは、卓越した組織者であると同時に献身的な仕事を行う事務局長のシャルル・シモンに対して書簡をしたためたが、その全文は『オリンピック評論』誌の七月号にも掲載されている。この中で、わたしはオリンピックの宣誓を制度化することを提案した。この着想は、強く反対を表明する人々の渦中にあって、予想以上に早く承認されることとなった。

9　第四回ロンドン大会（一九〇八年）

『オリンピック評論』誌の当時のバックナンバーを探しても、オリンピックの会場がローマからロンドンに変更となったいきさつがどのようなものであったかについてたどることはできない。この新たな難問について、われわれは慎重に沈黙を守るべきことを申し合わせたからである。また、イギリスオリンピック協会が確実に引き受けることが決まった際も、いかなる新聞に対しても公式の声明は行わなかった。ローマのテヴェレ川を飾っていたカーテンはひっそりと降ろされ、代わりにテームズ川の上に掛けられたのである。この変更は、アテネの中間大会の最中に進行していた。アテネの大会は第一回大会よりも華々しく、またよりよい組織運営が行われていたが、その反面、どこか心許ない、混乱した印象をぬぐいきれなかった。そこに確固たる方針というものが見られなかったからである。この心許なさと混乱は、ＩＯＣの中にも浸透してきた。アテネから帰ってきた九人か十人の委員たちは、会議にあたって、しばし道を見失い、ブルネッタ・ドゥッソーも処置なしの態であった。かれらはＩＯＣの改組を間近に行うのみならず、あまつさえギリシア皇太子に名誉会長就任を提案するかのごとき決議を行ったのである。皇太子は、この好意に困惑した。この提案が愚かしいのは、それによってＩＯＣになにがしかのギリシア的な性格を与えられるかもしれないが、その代わりに国際的な自立性が失われてしまうからである。最終的な決定をのぞき、これらすべてには委員長の承認が必要とされたが、委員長は皇太子の名誉会長就任を含め、すべてを否決してしまった。それからしばらくの後、わたしは皇太子とパリで会って、この問題について長時間話し合うことになった。これは、皇太子にとってもわたしにとっても愉快なものではなかったが、それにしても、しまいには状況の滑稽さにともに笑いださざるを得なかった。わたしはみずから思うところをはばかるところなしに述べ、話し合いは最後までそのペースに終始した。アテネの「総会」には、ラファンもバイエ・ラトゥールも、ブロネーもスローンも参加していなかったから、オリンピックの主義主張を完全な形で主張していたということはできなかった。

しかし、アテネには出席すれど発言せずのいわゆる「陪席者」がいた。それは、デスボロー卿となったばかりのW・H・グレンフェルで、かれはIOCと接すること一年にして、オリンピズムの信奉者となった人物である。ラファンとかれは（かれはハーバードが病気で辞任してすぐにその後任となった）、ハワード・ヴィンセント卿とともに、卓越した実務の才覚、雄々しい意志、そして飛び上がらんばかりの熱烈さという驚異の三位一体を形成した。このような人々の手になる第四回オリンピックは、素晴らしいものとならざるを得ないだろう。ロンドン大会もまだ、万国博覧会との同時開催であったが、それは大会開催にかかる経費を捻出するためのものにすぎなかった。過去の経験に対する、これは楽しい雪辱というものである。

そうして実際、一九〇六年の十一月二十六日にロンドンで仏英万国博覧会の発会式があった際のデスボロー卿のあいさつでは、オリンピックがそこに占める、かけがえのなく優先されるべき位置づけが、ただちに明らかにされた。

デスボローの会長としての権威は、さまざまな分野のスポーツでかれが挙げた偉業の伝説によって――とくに名高いのがナイアガラ瀑布横断であるが――裏打ちされていたが、そのデスボローが「イギリスの新聞に対する声明」の中で次のように言っている。「かくも多くのスポーツの揺籃の地において、オリンピック大会が開催の日を迎えること、そこでわが国のスポーツの名声にふさわしい形で大会を組織し、そして祝福することは、イギリスにとってたいへん重要なことである」

しかも、これはほとんどすべての点において素晴らしい大会であった。したがって、ロンドン大会の後で、他の国々による好意的なコメントに反して、F・フランク・ピュオーというフランスのジャーナリストが行った次のごとき筆誅が、いかに常軌を逸したものであったかは、お察しいただけるだろう。「大会はイギリスのスポーツの名声に対してとどめの一撃を刺すものであった。イギリスがわれわれに示したのは、他国の有力な競争相手たちを前にしては、もはやかれら特有とされる世界観としての視野の広さも、公平さも独立性も、失われてしまうということであった」わたしの書庫を探せば、この記事に対する抗議としてのアメリカからの書類だの、私信、パンフレット、記事等々を見つけることができる。

さて、その結果として何が起こったであろうか。ただ単に、次のことのみである。すなわち、行事の途方もなさそのものが、それまでは考古学的な文脈の中で語られるにすぎなかった「復興したオリンピズム」というものを、いきなり現実のまばゆい光の中に、生ける力強さの束として投げ込んだのである。以後、スポーツの情熱は、現代的な関心のもとに鼓舞され、かつてない高みと射程とを得るに至ったのである。以後も数多くの素晴らしい類似の大会をわれわれは目のあたりにしているが、ロンドンの競技場の想い出が色あせることはなかった。大きな会場は、しばしば観衆により黒々と見え、全体が熱狂でうちふるえ、有機的な力の感覚というものを蒸溜したおもむきであって、わたしに関して言えば、ヨーロッパであれ大西洋の向こう側であれ、このような群衆の力というものを感じたことは、いまだかつてないのである。他方、英米という二つのアングロサクソンの国の若者たちの間に異様な悪意ある対立が生じ、競技に際してすら、選手間の肉弾戦ともなりかねない状況が見られるのであった。しまいには、試合結果が示されるや、オリンピックの円滑な進行を中断せしめ、ＩＯＣを排斥してその優位を否認するかのごとく、フランスの諸連盟が一連の異議申し立てを行った。これらすべての要素は、大きな波を生じさせたが、それらを鎮めるには時間が必要で、局地的ないさかいなしに済ませるわけにもいかなかった。しかし、それが大会に被害を与えたとも言えない。かかる暴挙の発生も、かえって大会により輝かしい光彩を与えるように思われるのである。

一九〇七年の春、ＩＯＣはハーグで会合をもった折に、イギリスの組織委員会による最も申し分のない報告を受けている。以後、六か月にも満たぬ間に、かれらによって成しとげられた仕事は、本当に素晴らしいものであった。仕事の基盤はさまざまな領域にまたがっていたが、それはかつてこころみられたことのない文学芸術の領域にもわたっていた。プログラムは事前に公開され、またそれはＩＯＣメンバーによって構成された三つの委員会で吟味され、そのことにより仕事の仕上がりが早められた。いくつかの権限移譲については、あらかじめ合意される必要があった。スウェーデン体操とドイツの体操の主義主張が同一の場で対比されたのはこれがはじめてであり、また、テームズ川で行われる国際的なレガッタ漕艇に、どの国でも参加可能となったのもこれがはじめてである。アテネでは、異議申立は国際審判団に対して行われた。一九〇八年の大会については、基本的にイギリス人審判によることとし、必要に応じて外国人の「監査役」も同席させるという試みに、皆の意見が傾いた。尋常の組み合わせでは、競技の進行を円滑に行うべくもなかったのである。一方、次のオリンピックからおなじみとなる外交上、民族上の難問は、まだ生じていなかった。とはいえ、領土の問題は生じていなかったわけではない。オリンピック復興以来、当時の呼び方で言う「オーストララシア」は、ＩＯＣに代表をもっていた。とてつもなく距離が離れていたおかげで、だれもそのことを怪しみはしなかったが、思えばカナダも南アフリカも大英帝国の版図に属していたわけである。ロンドン大会においてかれらは、大英帝国の一部であることを認めながらも、参加するチームは独立した国に所属するかたちを取ることを要求した。このため、法律上の定義とは異なった――なによりもスポーツの実態に即しながら、国際法の原理と矛盾しないような、オリンピックに適用されるべき領土区分を定義する義務が生じてしまった。問題は複雑きわまるもので、一時に解決するわけにはいかなかった。「間に合わせの御仕着せ」をつくるのがせいぜいのところである。次のような込み入った事情を考えてみていただきたい。ロンドンにおいて、イギリス在住のカナダ人の立場はいかなるものになろうか？　かれは、みずからの望むままにカナダ・チームにもイギリス・チームにも属することができるのだろうか？　あるいはどこかのイギリス植民地在住のイギリス人である「現地人」については、どのように扱えばよいのだろうか？　また、イギリスに対して適用されるこのルールは、たとえばドイツでバヴァリアやザクセンが分離して参加したいと主張した場合には、どのように適用されるべきなのであろうか？ ＩＯＣの創設時、わたしはハンガリーとチェコをこれらの地域のスポーツの重要性とスポーツの自治という視点から招き入れた。しかし、ハンガリーは特異な特権国家を形成していたが、ボヘミアはそうではなかった。一九一二年に一波乱が起きなければならなかった。一九〇八年のウィーンでは、不平はわずかなものに限られていたのに。ドイツでは、フォン・デル・アッセンブルグ将軍が、わたしに内密に相談を持ちかけてきた。わたしは、このはなしは皇帝とはいかぬまでも、首相とは相談づくのことであると思っていた。わたしの回答は、オリンピックの立場で見るとドイツ帝国は単一の集合体としての選手団であることが望ましいが、大英帝国の場合は特殊な事情があるから、分離した個々の選手団を出したいと要求する事情も理解できる、というものであった。これで、ドイツの側からは、なんら難しい問題は生じなかった。しかし、アメリカはそのようなわけにはいかなかった。サリヴァンとその精力的な一党が、イギリスの特別扱いに憤慨したのである。

いまひとつの問題はメートル法の採用である。この点は、絶対に譲るわけにはいかなかった。一〇〇ヤードのコースを一〇〇メートル（すなわち一〇九・三ヤード）に変更することは、技術の面で言うかぎり、イギリスのアスリートたちにとって大したことではなかったが、かれらのうちの多くは、それをある種の国家的な屈辱と感じていた。この点に関しては、あらかじめイギリスオリンピック協会とＩＯＣが十分な根回しを行い、検討と議論を重ねていたので、ハーグの会議ではすんなりと決定を見た。総会は素晴らしかった。後援者である皇太子妃の臨席のもとに外務大臣が開会を宣言したのは美しく穏やかな「休戦の間」で、ここは宮廷の中でももっとも「由緒ある」場所なのであった。われわれにとって、もっとも気のおけない仲間の一人であったハワード・ヴィンセント卿と会ったのはこれが最後のことで、かれは大会の直前に急逝してしまった。それと、のちにハンガリーの有力な仲間となるジュール・ド・ムザとはじめて会ったのもこの時であるが、かれがわれわれの仲間となるについては一年を要した。というのも、ハンガリー政府が勇退したF・ケメニーの後継者として、かれを「指名」してハーグに送り込んできたからである。このやり方は、受け入れるわけにはいかない。IOCが「自立した人事権を有する組織」であることを廃するときに、その最大の強みである「すべてから独立した存在であること」が損なわれるからである。われわれの仲間すべてが、この点について確信をもち、自由な選挙を行う特権を有しているところに、われわれの組織の礎石があるのだ。

第四回オリンピック大会は、一九〇八年七月十三日に、盛大に開幕した。王と女王、スウェーデンとギリシアの皇太子および妃殿下、それに外交団が臨席した開会式は、威風堂々たるものであった。十九の旗につづく千五百名からなる選手たちの縦列行進は初めてのことで、かつてコメディ・フランセーズで開催された協議会における悲願のひとつがここに実現した。アメリカをのぞく、ほとんどすべての選手たちが、競技の時の服装を着用することに同意したおかげで、行進の様子も様変わりした。しかし、一九〇八年七月の『オリンピック評論』誌の記事に曰く「さらに画龍点睛を求めるならば、軍楽隊の演奏よろしく奏でられる競馬場のファンファーレのごとき音楽の代わりに、イギリスの地にちなんだヘンデルの比類なき合唱曲が大編成のコーラスで奏でられていたとすると、どれほど素晴らしくなったことだろうか」それは無理な相談というものであった。スポーツの行事と戸外でのコーラスとを結びつけようという提案は、長年の間、暖簾に腕押しの態であったことに、わたしはつねづね驚かざるを得なかったのである。彫刻家や画家が、忘れられた出発点を踏み越えることをためらうのは、分からないこともないが、鑑賞する側の大衆が、美が相互に補い合う繰り返しを味わうことに対してかくも及び腰であることは、理解に苦しむ。しかしそこにも理由があって、今日においては、趣味の歪曲と名人芸を見慣れてしまうことで、全体として調和のとれた感覚が衰弱し、名人芸の進展がかえってわれわれの知覚神経がもつ印象との分離を習慣化せしめているのではないか。民衆への芸術教育はやり直さなければならない。わたしはこの点について、そしてこの点から見たオリンピックに対するわたしの取り組みについて、あらためて述べてみたいと思う。

芸術の面について言えば、ロンドンにはいまひとつの失望があった。ロイヤルアカデミーが音頭を取る手筈になっていた芸術競技は、ついに開かれなかったのである。参加者たちみずからにテーマを選ばせる代わりにテーマは押しつけられた。そのうえ、事実上の困難が彫刻作品の輸送と展示にあった。これは、募集に対して当初もっとも意欲的に引き受けようとした彫刻家のはなしである。

いまひとつの失望は馬術競技が実施されなかったことである。これらすべてが調整を見るのは四年後のストックホルム大会のことである。それはともかく、われわれは、多くの点については満足することを得た。スポーツの諸競技が、このように目立つ形で結集したことはなかった。水泳のプールは、競技場の中に掘って造られたし、レスリングの会場もまた、同様にしつらえられた。プールは、ちょうどヴェルサイユの池をさながらに、切り揃えられた石によって美しく縁どられ、また装備された機械仕掛けによって金属製の飛び込み台が水底から持ち上げられるようになっているが、試合のないときには陸上競技の観賞の妨げにならないように、それは格納されるのである。

ロンドンでは、体操競技がとくに重んじられ、またそれは観衆の志向にも適合した。多くの観衆にとって、それは新発見であった。スカンディナヴィアの体操選手は喝采を受けた。「鳥だ。まるで鳥のようだ」と人々は叫んだ。フェンシング会場は、競技場のそば近くの美々しく飾り立てられた巨大なテントの中にあって、技術面から見るとほぼ完璧であった。すべての競技は、その結果から見て、大会の国際的な性格を強調するものであった。体操の個人競技の賞は、イタリア、イギリス、フランスの各一名とドイツの二名が獲得した。スカンディナヴィア四国が体操の団体競技の賞を取った。フランスとハンガリーが、フェンシングの賞を分け合った。レスリングには十か国の六十八人の選手が参加した。ハンガリー、フィンランド、スウェーデン、イタリアの各一名が賞を獲得した。陸上競技においては、イギリスとアメリカの間に勝利争いが集中したが、双方ともに、歴史的な反目と国家の威信とに起因するとげとげしさと激烈さを持ち合わせたままであった。やり投げでスウェーデンのレミングが優勝したのを除くと、イギリスとアメリカがすべての勝利をさらっていった。受賞者には南アフリカ一名とカナダ一名を数えることは申し添えておかねばならない。この分配は、おのおのの自尊心を満たすには十分なものであったが、事はそれだけにはとどまらなかった。熱狂が度を越すあまり、いくつかの不祥事も発生しないわけにはいかなかったのである。まず、互いのアラの探し合いがあった。当時の支配的な雰囲気を物語るひとつのエピソードがある。アメリカの覇者たちが帰国して、ニューヨーク市役所で熱烈な歓迎を受けた際に、かれらはあろうことか、鎖に縛られたイギリスのライオンを引き連れていたのである。これは、すんでのところで外交問題にもなりかねなかった。一方、エドワード国王は、初日からしてアメリカ選手たちの挙措や競技場に響きわたる蛮声に顔をひきつらせんばかりであった。こうした状況のもとにサリヴァンが取った対応は、わたしには理解できなかった。かれはそうした選手団の行き過ぎをたしなめるどころか、むしろ一緒になってそれをあおったのである。それはまた、帰国後にかれの態度が豹変したことにもあらわれている。かれはアメリカアマチュア陸上競技連合の票決のもとに、新たなIOCを組織し、来たるべき大会の規定を定めようとする使命を受けていたのであった。この時は、だれもかれの主張につづこうとするものはなかったが、その主張するところは、オリンピックの競技種目を「オリンピック固有の競技」と「その他の競技」とに、はっきり分けてしまおうというもので、前者には競走競技と跳躍競技と投擲《とうてき》競技のみが属するべきものとされた。

IOCは、もはやこの種の策動に対して、なんら恐れをいだくことはなかった。組織体制は、いまや盤石であった。イギリス政府主催でエドワード・グレイ卿が音頭を取った晩餐会の席上で、ＩＯＣの方針、諸計画およびわれわれ自身の力とわれわれの志をはっきりと限定させる諸限界について、つつみかくさずに述べることを得た。すべては明らかであって、次回大会の成功は、すでにここで明らかに確信された。

ロンドンでは、数多くの祝宴が開かれた。とりわけ選手たちには、二百五十人から三百人規模の宴会が六回、大規模な舞踏会が一回、その他各所での歓迎行事があった。大会開始時、セント・ポール教会において礼拝式が開催された。そこでペンシルヴァニア司教は、高度の哲学的なひろがりをもつ説話を行った。

大会は「冬季競技」の名のもとに、付随的な競技を伴った。それは十月、ボクシング、人工氷上でのスケート、サッカー、ホッケーなどである。これは必ずしも適切な対応ではなかったが、イギリスのスポーツの季節的な慣例を考慮すると、そうせざるを得なかった。舟艇競技（ヨットと漕艇）に関しては、ワイト島とヘンレイで開催された。ヘンレイにおける一週間は、競技自体に興味を惹くものはなかったが、考え得る限りもっともすばらしい光景が展開した。それはともかく、将来は、総合プログラムの会期をこのように「細切れ」にすることは避けるべきであろう。

10　ベルリンにおけるＩＯＣ総会（一九〇九年）

長い間の懸案であったベルリンでのIOC総会を開催する時がやってきた。ドイツ勢が歓迎されたロンドン大会のすぐ後で、また皆がその成功に向けて何でも意欲的に動こうとしているストックホルム大会を前にして、すべて時宜を得た好機が到来した。ドイツを代表するのは、将軍のフォン・デル・アッセブルク伯爵、C・ヴァルテンスレーベン伯爵、そしてW・ゲープハルト博士といった、これまでにないほど「オリンピック的」な面々であった。IOCの仲間たちから親しまれていた将軍は、ベルリンという場所がこの会議に最高の威信を与え得るものであることを、ことのほか喜んだ。新メンバーがIOCに加わったのは、一九〇八年十二月である。この時の投票でわれわれが選んだのは以下のごとし。アメリカでは、暫定的な委員であったジェイムス・ハイドに代わってアリソン・V・アーマー。かれはキールのレガッタの常連でヴィルヘルム皇帝の個人的な友人でもあるヨットマンだ。ルーマニアではジェルジ・A・プラジノ。トルコのセリム・シッリー・ベイは、すぐれた選手で、たいへんなフランスびいきであるが、ドイツのコーチに指導を受けた人物である。これらの新メンバーは、一九〇九年にドイツの首都で開かれる会合で歓迎を受けるであろう。結局のところ、この年の議題には、ほとんど政治的なものは出て来なかった。ひとつには一九一二年のストックホルム大会のプログラムについて、いまひとつはアマチュア資格に関する審議で、ほとんど専門的な性格に限った内容となった。かかるすべての条件が好ましい調和をもたらした。一九〇八年末以来、総会がたいへん素晴らしいものとなることが見込まれていた。皇帝の庇護、皇太子みずからの参加、貴族院を会場に用いることなど、すべてが完全な成功の前触れであった。

しかしこの成功も、アッセブルク将軍の逝去により危ぶまれることとなった。将軍は病に倒れた二日後の三月三十一日に亡くなった。卒中による急逝は、まったく思いがけないものであったので、知らせを受けて数日間というもの、わたしは途方に暮れてしまった。ヴァルテンスレーベンは、たいへん若く、ベルリン出身でもなかったので、会議を中止に持ち込ませないために、大変な苦労を要した。しかし、かれは委員会の中の自分の持ち分を果敢に果たし、わたしはそれに感銘を受けた。結局のところ、これが最善の解決であった。かれは見事にやってのけた。残余すべては、将軍が準備していたとおりに運んだ。ヴァルテンスレーベンは、アンフィトリオン（訳註：モリエールの同名の喜劇の主人公の名前で、転じて「主人、饗応役」の意味となっている。）のごとき主人役を代行した。

五月二十七日から六月二日にかけて、会議と歓迎会が相次いで開かれた。皇太子、宰相ベートマン‐ホルヴェーク、外務大臣のフォン・シェーンが委員会に最新の心遣いを示したばかりか、最終日には皇帝自らもその歓待に加わった。このベルリン滞在は、かなり特異な状況のもとにあったとはいえ、じっさいにきわめて興味あるさまざまな事柄を目にする機会を与えてくれたが、そのはなしは「オリンピックの」回想とは別の場にゆずるべきであろう。それを別の話題として、この回想を「簡潔」なものとするために、総会の専門分野にかかるおもな結論への言及にとどめる方が適切であろう。たいへん充実した六つの会議の後に、満場一致でストックホルムを次回開催地とし、一九一二年の大会プログラムの検討に入った。事実、スウェーデンの首都を選ぶことは、前年のロンドンにおいて、ほとんど決まっていた。前もって示し合わせていたように、ドイツが立候補を取り下げることにより、ベルリンは非公式ながら一九一六年に繰り延べられることとなった。スウェーデン人は臨機応変というものを好まないし、不測の事態に至ることがないように、すでに十全な素案を準備して発表したが、この素案のいくつもの重要な点が議論の対象となった。

ここで、当時のオリンピック大会のプログラムが、いかにして、どんな形式とどんな方法によって整えられていたかについて申し上げておくことも、あながち無用のわざではあるまい。というのも、多くのスポーツマンはこの点について無頓着であるし、また、ずいぶんと間違った説が印刷物として出回っているからである。

オリンピック大会の基本憲章は、実施を必須とすべき競技の部門に関する規定のみであって、組織委員会やI

ＯＣについては触れられていない。この憲章は一八九四年のソルボンヌの会議で提起された諸方針に合致するようにＩＯＣによって起草されたものである。必須とされる競技部門は、陸上競技、体操、闘技、水上競技および馬術であった。しかし、たとえば距離や各部門の下位区分にあたる競技が何を指すかなどは、明確に定められていなかった。わたしの考えでは、いずれはプログラムを固定して恒常的なものとすべきであり、それは各国のオリンピック委員会が出席した会議の席上で決定されるべきである。しかし、一九〇九年は、国内委員会の形成期であって、各国にあったわけではない。わたしの記憶する限りで、しっかりとした組織を有していたのはハンガリー、スウェーデン、ドイツ、ボヘミア、イギリスぐらいである。その他多くの国では、オリンピック委員会は存在していても、その基盤が不安定であったり、正当性が心許なかったりで、いまだに必要な安定性を備えてはいなかった。競技連盟にしても、国際的な連盟の数はまだ少なく、財政面での困難を抱えており、多くは面目を保つのに精一杯という状態であった。一方、国内の競技連盟は、概して反オリンピックの立場を取り、自国のオリンピック委員会を邪魔者であるかのごとく見なして、大会組織委員会との直接の交渉を主張した。そのような振舞が必然的にいかなる悶着を巻き起こすかなどは、思っても見ない有様である。オリンピック大会は、すべてのスポーツを取り扱うものであるから、大会組織委員会は各国のオリンピック委員会と連絡を取るばかりでなく、各国のそれぞれの競技団体と個別に連絡を取らなければならなかった。

各国の委員会の問題は、たいへん複雑であった。組織の在り方は、てんでんばらばらであった。当時、アメリカの委員会のメンバーはおよそ百人を数えたが、日本の委員会は四人のみであった。われわれは、各国の組織構成や、その果たすべき役割について口をはさむことはしなかった。国内に複数の委員会ができて反目しあい、相互の足を引っ張り合うことも、当然想定できた。すでに南米では問題が発生していた。このような場合には、いかなる対応が適切なのであろうか。この種の問題はいつでも起こりうることであるから、わたしはたいへん独断的な文書を配布した。むろん、この文書に記されたような手段を取らずに済むことが望ましいのであるが、一旦緩急あれば、これに藉口して大会組織委員会が難局を乗り切れるようにするためである。この文書に従うと、ある国のオリンピック委員会を「認知」する権限は当該国のＩＯＣ委員に属しており、かれらの申し立てによって、この認知は取り消すことができるのである。この峻厳な伝家の宝刀は備えたものの、それを用いることは極力避けるべきであり、そのためには外交官なみの融通無碍なやり方を用いるのであった。しばしば状況が錯綜することもあったけれども、大会が近づくとともにそれが解決に向かったのは、競技参加者たちの大会を中止させないようにする意思と、かれらが幹部連中に対して譲歩を迫ったことによる。

わたしの当初の目論見に反して、ＩＯＣが大会の準備に関わる専門的な面について積極的な役割を演じざるを得なくなった理由は、以上のとおりである。この期間――すなわち一八九六年から一九一四年にかけて、われわれは大会組織委員会に対して自らプログラムを作成するようにはたらきかけ（一八九六年と一九〇〇年の原案はわれわれであるが、一九〇四年、一九〇八年、一九一二年は、組織委員会自身によるものである）、そしてそのプログラムに検討を加えたうえで、皆が納得する落としどころを求めた。そのために、通常十八か月から二年を費やしたが、そこに各連盟や各競技団体の意見を勘案しないということは断じてなかった。それらは間接的であったり、しっかりと練り上げられていなかったりしたが、かれらの意見はいろいろな筋からわれわれのもとに届き、それが「制度の枠内で」表明され、譲歩できない原則をくつがえしかねないようなものでない限り、つねに検討の対象となったのである。

かくして、一九〇九年のベルリンと一九一〇年のルクセンブルグの会議によって第五回オリンピック大会のプログラムは詳細に至るまで整えられた。それに最終的に手が加えられたのは、一九一一年のブダペストの会議においてである。オリンピックが、これだけ入念かつ細心に準備されたことはなかった。ロンドンの場合、時間は短かったが、準備において同等の質のものは示された。しかし、ストックホルム大会では満を持した準備となったのである。むろん、あちこちで無理を聞いてもらわなければならなかったのは申すまでもない。われわれの立場は、他人のところに押しかけて「たいそう御立派なサロンをお持ちですねぇ。経費を御負担いただけるなら、そこで素晴らしいお祭りをお目にかけることができますよ」と言っているようなものだということを、つねに忘れるべきではない。わたしが笑いながら、たわむれにこのように言うのを、よく耳にされているけれども、この言葉はつねに真実であったし、今後も真実であり続けるであろう。これは、のちの一九二〇年でも一九二四年でも変わることはなかった。第五回オリンピックでは、ボクシングを実施しないことを強いられた。スウェーデンの世論がこのスポーツに反対しているばかりではなく、スウェーデンの法律自体が、明確にボクシングを禁止しているのだった。たしかにボクシングという競技が、これまでに節度を示したことはなかったが、わたしはその現状の欠点を十分に認めつつも、それを「教育的な」道に導くべく苦慮していたのである。しかし譲歩が必要だった。スウェーデンの側が、とくに体操競技において大幅な譲歩に同意したからである。わたしがはじめて訪れた一八九九年には、ペール・ヘンリック・リングの非妥協的な信奉者たちが、その十二年後に、ストックホルム市中であらゆるスポーツに対する讃歌と悪しき器械体操用具を競技場の中心に設置することを許容するまでに態度を軟化させるなどとは、よもや思ってもみなかったのである。これは十二年の間に、スウェーデンのスポーツに対する考え方が進化したということであり、それには長い助走があり、それを大いに推し進めたのは王と皇太子の理解ある行動に加え、なによりも、われらの親愛なる情熱家の同僚バルクのおかげであった。

スウェーデンの委員会は、ボクシングのみならず自転車競技の縮小も求めた。わたしが実施されなくなったことに満足していた自転車用トラック上での競技に限り、ロードレースは認めないというのである。マラソン競走の規定についてては、あらためて議論されたが、これを除外することは時宜を得ていないと認定された。馬術と芸術競技は、ロンドンでは実施されなかったが、決議書どおりに実施された。会議の時間の多くは、アマチュア規定についての討議に割かれたが、それについては章をあらためて述べることとしよう。

ベルリンの総会を終えてすぐ、以前から辞意を表明していたW・ゲープハルト博士が引退し、われわれは後任としてウェニンゲン男爵を選んだ。いわゆる「万能選手」で、ほとんど時を経ずして仲間内で人気を得るに至った。

ゲープハルトは一八九五年の就任以来、十四年にわたり、確かに申し分のない仕事を行った。ドイツオリンピック委員会創設の主軸であり、一八九六年のアテネ大会と一九〇〇年のパリ大会では選手団長をつとめ、Fr・ケメニーとともにセントルイスではIOCの代表をつとめたのだった。その後任選任の直後、イタリアの二人目の委員に、国務評定官にして体育研究所の副所長でもあるアッティーリオ・ブルニアルティが選ばれた。これは素晴らしい新委員であった。この二人の御披露目は、一九一〇年春の次回会議からである。それはブダペストで開催される予定であったが、ハンガリーの委員会は国内の事情やむなきによって一九一一年に延期したい旨を申し出て来たので、それをすぐに受け入れることとした。ブダペストの会議は、たいへん社交界的な派手な催しになると見込まれたので、ベルリンとブダペストの間には、一度もうすこし地味な都市での会議開催が望ましいとわたしは考えた。意中の都市はルクセンブルクだった。大公の政府と市当局が、われわれを受け入れることに同意した。摂政妃は不在であったが、かの女の名のもとに、たいそう素晴らしい晩餐が供せられた。祝典はセットフォンテーヌの城で、ペスカトール夫妻によって催されたが、それはわれわれにもう一人の仲間をもたらすこととなった。と云うのは、その直後にルクセンブルクのメンバーとしてモーリス・ペスカトール氏を選んだからで、かれは協力者の中でもっともスポーツに理解が深いばかりでなく、もっとも魅力的な人物であった。かれはその十九年後に早逝してしまったが、この騎手にしてこらえ性のない狩猟家は、しまいにはアフリカ大陸の東西を横断する狩猟の探検にまで出かけたほどである。

わたしが驚いたのは、アイシェン首相みずからが歓迎のスピーチを行い、ＩＯＣの憲章について熱を込めてほめたたえるのを聞いた時である。それまで憲章は大望の妨げになるといって、各競技連盟の指導者たちからは、批判めいた意見しか聞かなかった。しかし、ヨーロッパで高い評価を得ている政治的センスの持ち主であるアイシェン氏は、憲章を構成するいくつかの条項に一瞥を加えただけで、ＩＯＣの完全な独立性と復活したオリンピズムをあらゆるものから守ることを確固ならしめるための適切な仕組の独創性をただちに見て取って、高く評価したのである。このことは、わたしにとって、われわれの陣営内に時折あらわになることのある、ある種の優柔不断さにより歩み出せないことに対する抵抗への大変貴重な勇気づけとなった。

11 アマチュアリズム（一九〇九年）

これである。つねにこれである。われわれがこの問題にけりをつけようと愚直に取り組み始めてから十六年になるが、それはいつでもそこに、同一のものとして、とらえがたい状態で存在した。それはあたかも水球のボールが、猫さながらに手の下をすべりぬけ、四メートル先でわれわれをあざけるかのごとくである。わたし個人としては、どちらでもいいはなしなのである。現在、あえて申し上げるならば、わたしはこの問題に関して頭を悩ませたことは一度もない。それは、わたしにとっては、オリンピック復興の会議を招集する口実なのであった。それがスポーツ関係者の間で重要に扱われ、熱心となることが望まれたがゆえのおつきあいであり、衷心からの熱意というものは欠いていた。スポーツに関するわたしの考え方は、多くのスポーツマンの――おそらくはその多数派とは、かなり異なっていた。わたしにとってスポーツとは一種の宗教であり、それは教会と教義と信仰と……とくに宗教的な感情を伴うものであった。それゆえ、たとえば教会の番人が聖務に対する然るべき報酬を受けているがゆえに、五フランばかりのチップを受け取ったことを以ってただちに無信仰者だと告発する必要があると主張するがごときは、子どもじみた潔癖性としか思えない。現在、わたしは老齢に達し、間もなくお迎えも来ようという具合であるから、異端邪説を公にしてもなんら憚られることはないだろう。しかし、わたしには他に妙案もなかったので、ある種のルールを受け入れたうえで、規模の大小はともかく架空の緩衝地帯を設け、そこでわたしにできる範囲内で助力を与えるのがよいと考えた。この点に関しては、特にイギリスがこだわっていた。この問題に関してイギリスがこの種の干渉をしてきたということは、IOCの力が強くなってきたことの兆しであり、徴候である。

一九〇二年には、全協会に向けて三か国語でアンケートを送付したが、回答数は少なく、また明敏な回答も見られなかった。ロンドン大会後に、イギリスにおける権威を自負する『スポーティング・ライフ』紙が、同じ問題について熱意をもって、独自に新たなアンケートを試みた。そのふれこみは「世界のうちIOCのみが、組織形態と委員選任の公平性によって担保されるその独立性のゆえに、オリンピックに対して正当な地位を有する団体であるが、われわれはイギリスの新聞として、IOCに対する有益な見解を求めるものである」というのであった。

数か月後に膨大な書類が届けられたが、かれこれ百五十通以上もあったろうか。念入りに、またなにか新しい視点は見つからないものかと期待しながら目を通してはみたものの、そこには、かつての意見の繰り返ししか見つけることはできなかった。わたしの思うに、設問の仕方に難があって、それが解決策の提案に至らないような聞き方になっていたのである。回答は、問題の提起以前に解決策を求めることに固執している。

フランスの委員のひとりアルベール・ド・ベルティエ伯爵はスポーツに関する問題に――わたしが見たところ、とりわけスポーツ精神に――通暁しており、ベルリンでの会合において報告を発表することとなったが、わたしはかれと一緒に、コンピエーニュのかれの家で、その報告のための考察と結論をまとめたのであった。

アマチュアの規定で、ヨーロッパやアメリカの大半で適用されている規定のモデルは、すでに老朽化してしまった。それはイギリスに由来している。

その規定でアマチュアでなくなるのは次の場合である。

一、現金で賞金を受け取った場合。

二、プロを相手に対戦した場合。

三、体育の教師なりインストラクターとして報酬を受けた場合。

四、「万人（all comers）に公開された」試合に参加した場合。

一見して注意を惹くのは、四つのポイントがひどく不均等なことである。第二のものは、その絶対性が異論の対象となる。三つ目は教師《プロフェッサー》とプロフェッショナルの混同で（わたしをして言わしむれば、この点は絶対に認めることはできない）、言うべきことを言い尽くしてない定義で一面的にすぎる。四つ目は、なんら意味をもっていない。「万人に公開された」競技とはなにか？　この点について理解するには、五十年前のイギリスのスポーツの慣習を思い起こす必要がある。せんじつめれば、それは社会的防衛であり、階級の維持なのである。

こうしたことを数え上げていくとすべて時代遅れなのであるが、問題点の研究には役立つであろう。そこには相次いで考察すべきことがあった。金銭、交際、教職、個人とグループの関係。

後年、わたしは一九〇九年のこのベルリンの報告を読み返すに及んで、当時、反対論を単純にやりすごしてしまえなかったことについて、後悔の念を禁ずることができなかった。その結論は明晰にして確実であった。それを採用していたら、いかに多くの不都合や論争や停滞を避けることができただろうか。たとえ問題を孵化しないうちに消し去ることはできなかったにしても、「にせアマチュア」などという怪しからぬ輩の勢力を相当弱めることはできたであろう。それらは、ちょうどビザンティン時代の異端の増殖について、テルトリアヌスが夏のナイル河畔のサソリの繁殖ぶりに例えたようなはびこり方なのである。そこでは、直接的かつ継続的な利益や問題とすべき金額などのすべてが示される一方で、微罪には多くの寛容さが求められていた。

出場資格の再付与の方針は、唯一の完全に独立し、あらゆる公平性を担保された裁判所の裁定のもとに適用される。ハーグの国際司法裁判所のスポーツ版である。宣誓は、つねに行われる行事となった。通常の競技会では詳細な書面における宣誓であり、オリンピックの大会では各国の国旗を前にして口頭で行われる宣誓である。また選手への経費支給も、事情によっては正当化されるが、それも旅費、宿泊費のみに限り、日当は認められない。われわれがはっきりと拒んだのは、プロフェッショナルの選手と一緒に競技をしたというだけの理由でアマチュア資格を剥奪することで、また所属協会が出場停止処分に付しているアスリートと競技をしたとか、協会「非公認」の競技会に参加したなどの理由もこれに次ぐものだ。いくつかの協会は、びっくりするほど理不尽な要求をアスリートに課しつづけていた。
教職《プロフェッソラル》の性格は、プロフェッショナルの性格とは明確に区別された。諸措置の提案は、これらのあらゆる革命的な理念によって確立された法制に奉仕することを基調とするもので、しかも民主的かつ世界的な将来を見すえた叡智と適応とが示されており、そこから近い将来に起こってくるであろう諸要求について、同僚たるＩＯＣ委員たちの注意を惹きつけるのは、わたしの望むところであった。かれら委員たちの反論は、予期していたよりもずっと少なかったが、委員会中もっとも貴族的な人たちは、もっとも反動的ならざる、反動とはほど遠い人たちなのであった。

一方、多くの委員たちの態度は及び腰で、それはかれらが自分の国のスポーツ界の世論と接触を保たねばならなかったからで、それらとの正面衝突をおそれていたからであった。報告書の多くの部分は、少なくとも表現の上で和らげることを求められた。一九〇九年八月の『オリンピック評論』誌所載の本文は、改訂され、表現のやわらげられたものである。わたしは、ＩＯＣのベルリン会議の時の初稿版をもう一度見てみたいと思っている。わたしは書庫を探し回ったが、ついに見つけ出せないままでいる。

先に述べてきたような委員たちの及び腰を見るに及び、ＩＯＣは報告書の中のいくつかの問題となる部分を抜粋して、関連のある協会や団体に送付することとなった。数週間後に、われわれの手によって発送されたアンケートは以下のごとし。

一、ある競技におけるプロ選手は、他の競技におけるアマチュアとみなすことができないという考え方についての御意見をお聞かせください。

二、ある競技を指導する教師が、自分が教えていない競技に関してはアマチュアでありうるという考え方についての御意見をお聞かせください。

三、いったんプロに転向したアマチュア選手は、アマチュア資格を再取得できないという考え方についての御意見をお聞かせください。この規則に例外は認めうるでしょうか。また、認めるとしたらどんな例外があるでしょうか。
四、アマチュアに対する旅費、宿泊費の償還は認められるべきでしょうか。また、その場合の限度はどこまででしょうか。
五、アマチュア資格は、プロとのたんなる交際のみで失われるべきものでしょうか。
　これらの回答の送付先は以下のとおり。ヨーロッパ大陸はハンガリーの委員J・デ・ムザ、大英帝国はTh・A・クック氏、アメリカ大陸はW・M・スローン教授である。この割り当ては一八九四年にわたしが事業を開始した時と同じもので、実務的であるように思われた
　回答の調査分析には長い時間を要した。拙速で処理することなどは論外であった。翌年、ルクセンブルグで総会を開催した際に（一九一〇年六月）、われわれは担当委員から集計結果の記録に関する説明を受けた。やんぬるかな、回答は狂おしいほどにも相矛盾していたのである。ある国においては競技間で、また同じ競技でも国ごとに、なんらかの意見の一致を見るということはないのである。論拠のない断言。熟慮されたことのない気まぐれ。この事実を見ることにより、後知恵ではあるが、わたしは委員たちの及び腰が「あえて」一歩を進めることへの不安から来ていたのだと判断した。おそらく、そうやって面倒を先送りしていたのだ。しかし、それ以来というもの、アマチュアリズムの問題はわたしの関心を惹くこと稀となって、こんにちに至っている。わたしは、わたしの信条に立ち戻ろう。教師《プロフェッサー》とプロフェッショナルは同一の次元で扱われるべきではない。宣誓は見せかけのものではなく、詳細にわたる署名されたもので、それが自らのスポーツに関わる過去を唯一明らかにするものであり、虚偽の宣誓をした場合は、永久にすべての領域における失格者となるのである。出身階級の違いは、スポー

ツにおいては何の意味もない。時代はもはや、アスリートたちに対して旅費や宿泊費を自腹で負担することを求められなくなっている。アマチュア資格は、なにがしかのスポーツ団体の管理上の規則において判断されるべきものではない。等、等、等。また、世にはいかに多くの訴追さるべきにせアマチュアが横行し、また、いかに多くの大目に見るべきにせプロフェッショナルが存在していることだろう。等、等、等。

それにしても、わたしは何ということを書いているのだろうか！　なんという冒瀆だろうか！　わたしはアルフォンス・ドーデが描くところの主任司祭のひそみにならって、酒を飲む歌を中断して次のように申し上げるべきだろう。「神様おゆるしください！　教区の人たちが、わたしの言ったことを聞いたら大変です」（訳註：『風車小屋だより』所収の短編「ゴーシェー神父の保命酒」より）

12　ブダペスト（一九一一年）

一九〇五年と同様に、一九一一年も、われわれにとって豊饒な年であった。ブダペストの会議が、その年の中心的な役割を果たしたが、しかしわれわれの活動はそこに集中する一方で、そこから放射状に拡がり、数多くの領域に及んだのである。わたしはハンガリーをたたえよう、オリンピックに関して最初からもっとも深い理解を示していたばかりではなく、爾来、こんにちに至るまでもっとも忠実でありつづけていることに対して。わたしにとって、国は友人のごときものである。ポーランドは青年の同志であり、少年期のわたしに影響を与えた。ハンガリーが思春期から青年期にかけての国であることは、イギリスやアメリカが壮年期の国であるのと同様であり、愛着の終着点となる国はギリシアとスイスである。わたしは世界主義的《コスモポリタン》な友情に多くを負うている。このことは、わたしの祖国に対する敬愛を損なうものではない。しかし、この世界主義の価値を信ずればこそ、それがただ単に旅行から生じるものであるとか、あるいはそれがあやうげな無理解や幻影に道を開くものであるといった見解は、どうにも信用できかねるのである。

ブダペストは、一九一一年の五月、われわれを豪奢な歓待で迎えたのであった。会場にしつらえられたのは科学アカデミーの会館である。五月二十三日、欠席した国王の代理としてヨージェフ大公が歓迎のスピーチを行ったが、それに先だってあいさつしたのは首相のクエン・ヘーデルヴァーリ。宮廷における接待、政府と市によってそれぞれ催された晩餐会、あらゆる種類の祝祭は、わたしの記憶の中ではジプシー風の音楽と結びつき、ブダペストへの滞在中、その調べの不可思議な精髄がもたらす強度のもの悲しさと魔に憑かれたような力強さとが、われわれの中にかもしだされていったのである。

当時、委員会のメンバーは四十三名で、三十一か国を代表していた。それが当時における最終的な形態であった。委員会を大いに強化した人選は以下のごとし。ドイツではフォン・フェニンゲン男爵とジールシュトルプフ伯爵、参事院のブルニアルティ（イタリア）、のちに貴族院議員となる柔術の改革者、嘉納治五郎教授、ウィルレブランド男爵（フィンランド）、将軍のハンブリー・ウィリアムス卿（カナダ）、スヴェルレ氏（ノルウェー）、ボラナキ（エジプト）、エヴァート・J・ウェンデル（アメリカ）、さらにほどなく加わったのが、オーストリアの皇太子オットー・ツー・ヴィンディシュグレーツとロドルフ・コッロレード伯爵である。すべてとは言わぬまでも、ほぼすべては言葉の真の意味におけるスポーツマンで、わたしが当初に定めた原理原則に呼応する人々である。すなわち、どのような特殊な問題であれ、それを深く追求するだけの見識をもち、また専門性に奴隷のごとくとらわれた、排他的な視野狭窄におちいっておらず、自国の立場に固執するあまり国際的な問題に対して不公平になることがない国際人であるとともに、専門的なグループへの異議申し立てができるように、それらのグループへの財政的依存関係をもたない人物である。そうした人たちとの会合が慣例となり、毎年の会議が大いなる楽しみとなって、そこには真の友情の絆が織りなされた。会議以外の時期も、わたしはかれらとの手紙のやりとりを定期的に行った。

わたしが全委員を「任命」していたと信じられ、また語られてもいたようだが、それは下衆のかんぐりというものである。それはまったく事実に反している。それらの流言の中で唯一正しいのは、わたしがみずから立候補をしていたことだけである。選任はつねに規則正しく行われたが、それに先だって、しばしば候補者自身と直接に手紙を交わし、いずれにしても、推薦者とともに候補者のひととなりについて長い調査を行ったのであった。

また、ＩＯＣの予算がどうなっているかについては、推測の手がかりもなかった。それは、確かに他のいずれとも似たところがなかった。だから不思議に思われるのも無理はない。会員の年会費がわずか二十五フランだと言うと、だれもが怪しむのである。しかし、これはまったくの事実である。戦争まではこれで通してきた。二十五フランのうち二十フランは『オリンピック評論』誌に宛てられ、残り五フランがＩＯＣ事務局の会計に入ってくる。『オリンピック評論』誌は、定期購読者はわずかなもので、多くは競技団体や重要な支援者に向けて無償配布していたので、予算は広告費収入によって補われた。ＩＯＣの事務費は、「世界的な」組織であるのに比してささやかなものであった。わたしはそこに私財をつぎ込んだ。委員たちもまた、みずからの活動経費や自国で総会を開催する場合の臨時の出費を負担したのは申すまでもない。この経費負担という条件は、多かれ少なかれありがたくないことであるから、委員に立候補せんとする人々を冷静にさせるのであった。助成金は一文たりとも受けることはなかった。それによって予算規模は並以下のものになろうとも、馬鹿げた虚飾や因循姑息な行政的管理、書類のための書類づくりや細かな字句文言に対する鼻持ちのならない小姑的応対などへの負担から解放されるのである。

ブダペストの会議は、社交面でのみ華やかであったばかりではない。八つの会議では、数多くの課題を処理することを得た。そこでストックホルム大会のプログラムを確定してしまった。すでに述べた理由で、ボクシングの実施は見送らざるを得なかったが、これまで導入するに至らなかった三つの専門競技については実現することができたのである。まずは馬術競技。それは当初の構想に含まれていたが、アテネ大会プログラムの改訂版では、馬を大会までに必要なだけ用意できないという実現の不可能性を理由として、削除のやむなきに至った。パリ大会もセントルイス大会も、馬術競技を追加するには機が熟していなかった。ロンドン大会では、組織委員会には十分にその気はあったものの、いかんせん準備時間が不足していたうえに、偏見も妨げとなった。ストックホルムには、そのようなことはまったくなかった。スウェーデンの二人目の委員、クラレンス・フォン・ローセン伯爵の熱意と献身は瞬時もとどまることがなかった。ヨーロッパを横断する宣伝行脚の旅で、かれは各国政府や軍隊からおのれの信条に対する支持を獲得した。その結果、最初の「馬術競技」は、ひたすらに軍隊を思わせる性格をまとうこととなり、それは以後のオリンピック大会にも引き継がれていった。しかし、それは競技導入にあたって、多少とも避けがたいことであった。

いまひとつの新機軸は「近代五種競技」の創設である。わたしは、以前にも二度IOCで提案は行ったものの、理解は得られず、ほとんど反感をもって迎えられたのであった。わたしは固執しなかった。しかし、今回にあっては、スポーツの精霊の加護を得られたのか、われらが委員たちの蒙が啓かれ、わたしが絶大なる価値を認めるこの競技が受け入れられたのである。完璧なアスリートに対する正真正銘の「秘蹟《サクラメント》」として、近代五種競技は徒競走、馬術、水泳、フェンシング、そうして射撃から構成される。わたしとしては、射撃の代わりにボート競技を入れたかったところだが、しかしそうするとなると、ただでさえようやく切り抜けることを得ている大会組織委員会の仕事に、さらに無理難題を押しつけることになってしまう。爾後、近代五種競技は成功の一途をたどっているが、わたしの本当のねらいは実現されないままである。徒競走のコースは選手たちに未知であること、競技と競技の間にほとんど休憩時間をはさまないこと、馬術では開催国側が用意した馬のどれに乗るかを競技直前に抽選で決めること――わたしの考えでは、これらの条件を集結させることにより、そこに第一級の教育的な性格が付与されるのである。こうした考え方に対して、階級意識による反対意見が絶え間なく起こってきたし、またその反対が見られなくなったのは、今日の大会組織委員会が、五種競技創設者が立てた諸原則への尊重というものをまったく忘れ去ってしまったことによる。

三つ目として申し上げておきたいのは、狩猟と登山に対する賞を設定したことである。前回の大会開催以降に達成された、もっともすばらしい登山ともっともすばらしい狩猟の成果に対して賞を与えるのである。この案は、一八九四年の最初の会議において表明されていたもので、この会議に至るまで、当初の形のまま持ち越されていた。のちにわたしは、ここに航空のジャンルも加えることで、オリンピックの第三の賞を補完することができたと思う。これらは「すべての競技、すべての国々 all games, all nations」という原則に従うものである。そのうえ、組織化は容易だし、経費もほとんどかからない。とはいえ、この三つの領域は冷淡な無関心にさらされ、またしばしば、明確な理由のない悪意の表明を受けた。あるときは賛成、またあるときは反対といった具合で、そこには気まぐれと脈絡のなさが見て取れるのであった。わたしが望むのは、皆が原点に立ち返ることである。それは正しいのであるから。

芸術競技が実施に至るまでにも、パリ会議でプログラムが決定されてから五年の歳月を要している。きわめて簡潔な規則と指針が独、英、仏の三か国語で公にされたが(『オリンピック評論』誌一九一一年九月)、スウェーデンの委員会が煮え切らない態度に終始したので、IOC事務局がみずから、その案内状の配布を行わなければならなかった。わたしは後になって、スウェーデンの芸術家や作家たちがこの芸術競技に対して猛烈な反対を表明していたことを知ったのであるが、それがどんな奇妙な状況を現出させたかについては、いずれお話しする機会もあることだろう。

将来の芸術競技参加者をはげまし、できることなら好ましい動きを作り出すために、われわれIOCは、一九一一年の間、大変な尽力をしなければならなかった。仲間の委員たちの大半も、この競技について関心をいだくことに少なからぬ困難を覚えていたことについては、あえて申し上げておくべきであろう。この活動経費に関わる負担のほとんどは、わたしのもとにかかってきた。まず、建築部門の特別コンクールをパリで開催することとして、そこにファリエール大統領の支援を取りつけることができた。「現代のオリンピア」のプランを確立することが問題であった。参加資格には、国籍その他の制限はなかった。テーマは、あらかじめ一九〇九年十月から一九一〇年三月の『オリンピック評論』誌上に連載で発表し、コメントを加えた。たしかにそこでは、技術的な問題点や若い建築家の関心を引きつけるさまざまな視点が公表された。しかし通信記事の示すところは、数多くの躊躇と冷淡さなのであった。

これらの記事の連載につづいて、記事をまとめた宣伝用のパンフレットをつくり、また『オリンピック評論』

誌では第二弾として「装飾、打上花火、調和、行列」というタイトルの連載を行った。このテクストは、関心を持つ可能性がありそうな協会や学校、美術団体から小規模な「知的」サークルのような芸術家のグループに至るまで送付したのだった。

「現代のオリンピア」コンクールは、アテネ・フランス学院の元校長で現在はフランス国立博物館の長であるTh．オモル氏が審査委員長をつとめ、賞を授与されたのはヴォー県出身の二人の建築家ウジェーヌ・モノ、A・ラヴリエール両氏による大変すばらしいプロジェクトに対してであった。IOCは、その栄誉をたたえて祝宴を催した。これはたいへんな創意に富む祭典で、「調和」という観点から見て、わたしがそれまでに見たもののうちでもっとも素晴らしいものであったと言うことができる。それは夜、ソルボンヌの中庭は雨もよいにもかかわらず二千人の招待客でうめつくされていた。人工の木立の後ろには、合唱隊とオーケストラが隠れていた。中庭は、闇の中にあった。たくみにゆらめく光線が、柱廊に代わるがわる、さまざまな色彩を与えるのだった。音楽のプログラムでは、トーチと棕櫚の葉をもった百人からなる体操選手たちの動きが、リシュリュー礼拝堂の前にしつらえられた舞台上で繰り広げられる十六人の半裸の美少年たちによる黙劇を際立たせ、それらすべてが、音と光と沈黙とシルエットの絶えることのない調和を保持しようとするのだった。舞台装置の美しさが、大いなる助勢となった。中世と現代のフェンシング対戦という幕間劇には、ハーディ・ガーディとバグパイプで奏でられるサン・サーンスの『ジョン王の馬上槍試合』が伴奏となった。ギリシア風の女子舞踏につづいて現われた当日の目玉は、モーリス・ポトシェ作になる「哲学者とアスリート」をテーマとした芝居の上演である。劇中では、実際にレスリングの試合が行われたが、すべては穹窿のふもとから頂点に向けて放たれるベンガル花火の多彩にして鮮やかな閃光に収斂され、そこにラモーとパレストリーナの曲の合唱が重なって、聴衆のうえに熱狂とそれらの壮麗なる調和とを同時に注ぎ込むのだった。これらすべてを集めるのに必要とされたのは、ひとつの体操協会と、ひとつのフェンシング道場とパリのある一区画の音楽愛好会の協力のみである。このことは、たんにわたしにとってすばらしい夢が実現したというばかりではなく、民衆にとっての芸術が確かな地歩を固めていることを示していた。この観点からみると、文明は誤った道をたどっていたが、「調和への回帰」のみが、それを正道に立ち返らせるであろう。ひとは「失われた調和」が、かつていかなるものから成立していたかを知ることなしに、それについて語るのである。

一九一一年五月十六日のこの祝祭について紹介した『オリンピック評論』誌では、また同時に（その一週間後に開催した）ブダペストでの総会も紹介し、さらにまた一九一三年にローザンヌで開催予定のスポーツ心理学会議のプログラムも掲載し、そのうえ一九一四年春に、パリでオリンピック復興二十周年記念祭の開催告知も行った。その折には各国のオリンピック委員会の代表者会議を実施し、それによって以後の大会における技術的な諸条件を確定させることができるであろう。ブダペストは、われわれにとって強固な基盤を象徴した。その上にIOCが築かれ、またIOCという体制が完成するという大きな希望を抱かせる基盤である。ここでわたしは、新しいメダルに刻む銘文として、人口に膾炙した「Mens sana in corpore sano　健全な肉体の中の健全な精神」に代えて「Mens fervida in corpore lacertoso　きたえられた筋肉の中の強靭な精神」を用いたいと考えた。前者の理念たる「すばらしい健康」は、「大望ある若人たちが遵守するには、いささか医学的にすぎる」からである。これに対して、ある新聞は次のようにまぜっ返した。「なるほどアスリート諸兄は、精神の激しい活力と肉体の大胆な柔軟性との間にうるわしい均衡を保とうとするであろう。それは、あたかも飛行機の曲乗りさながらである。そこから落ちることもあろうし、死ぬことだってあるだろうが、最後は栄光である。そうして、さいわいにも複葉機の翼から落ちることのなかった者が、おそらく完璧なオリンピズムの頂点に立つことを得るのである」

一九一一年についての記述を終えるにあたって、オランダを訪れたことについても申し上げておくべきであろう。ブリュッセルやアントワープを訪れたのち、やや長くハーグに滞在してライデン大学を訪れてから、わたしは首相とオランダの各競技団体が出席する討論会に臨席したが、その折にわれらが親愛なるファン・デル・トゥイル委員が主催した晩餐会のあとで、かれの了解を得たうえで、首相に、将来におけるオランダでの大会開催に関して、はじめての打診を行った。このようにする方が、経験上からいっても確実であると思われた。大きな都市は、この種の行事の開催に必ずしも適してはいない。ハーグやアムステルダムの方が、より適している。しかし、オランダは、自国の都市が選ばれることを欲すると同時に、みずから開催を求めることによるリスクの負担について及び腰であるように思われた。このことにまつわる問題については『オリンピック評論』誌の中に、短いオランダ語の記事で言及した。オランダにおける大会開催の可能性が浮上したのはこの時からであり、この可能性を維持するうえで、もっとも確信に満ち、もっとも説得力のある唱道者としてF・W・デル・トゥイルという人物がいたのである。足かけ十八年ののちに、この可能性は実現した。しかし不幸なことに、かれはその実現を見る前に他界したのだった。

13　第五回ストックホルム大会（一九一二年）

いまやＩＯＣに取って代わるべき新たな国際的組織を立ち上げようとするこころみは見られなくなった。スローンの一九一一年二月二十七日付の書簡によれば、サリヴァンは、それ以後、そうした企てが無益であることに納得したばかりではなく、いまだにそうしたことに固執する頑迷な連中からの誘いを断り、むしろそれを思いとどまらせようとさえしているということである。一方、競技団体はというと、既得権にこと寄せてなかなか妥協しようとはしなかった。国際自転車連合は、一九〇九年に「アテネで開催されるべき大会への参加については態度を保留するが、一九一〇年にアクロポリスのふもとで中間大会を開催することを希望し――われわれもまた、ギリシアの委員会は、ＩＯＣのオリンピック大会には参加を」拒絶する旨の決議を公表した。しかし、一九〇六年の時と同様に、それに誠実な支援を行うところであったが、――それは中止のやむなきに至った。問題は資金である。経済危機である。われわれはアテネから通常の大会の周期の中に「アテネシリーズ」を入れ込むことはできまいかという非公式の提案を受けた。すなわち、八年ごとにギリシアで大会を開き、他の国での大会も八年ごとに行うというのである。この提案を受け入れることはできなかった。もしそうすれば、誰を益することもないのに、われわれ自身の手でわれわれの事業をぶち壊してしまうことになっただろう。国際政治はたいへん不安定であるから、開催地の選定に際して、前もってそんなに長い期間を見込んだ確定などはできかねる。この点から見ても、ＩＯＣには完全な自由というものが担保されなければならないのである。

自転車の場合と同様に、一九〇八年末のルツェルンのコングレスで漕艇の団体がＩＯＣに対して示した態度も、それほど誉められたものではない。いたるところに不手際があった。それと同時に、諸連盟のＩＯＣに対する攻撃が功を奏さないことが明らかになるにつれて、各国のオリンピック委員会の力が強固なものとなっていった。ボラナキ氏とゴーチェ・ヴィニャル伯爵は、エジプトとモナコにそれぞれオリンピック委員会を創設したが、そこではエジプトの副王やモナコの国王が名誉会長となることを受け入れた。イギリスとドイツの委員会は、つねにゆるぎないものであった。ハンガリーも同様である。アメリカの委員会は、トンプソン大佐を会長に、サリヴァンを事務局長に据えて体制が固まった。ベルギー、デンマーク、スペイン（ロマノネス伯爵の兄に当たるわれわれの仲間のビジャメホル侯爵が、つい先だって設立したばかりである）の各委員会は順調に機能していた。S・W・ジュキッチ大佐はセルビアに委員会を立ち上げたばかりであった。オーストラリア、カナダ、オランダ、イタリア、日本、ノルウェー、ポルトガル、ルーマニアには、すでに委員会が存在していた。ただ、フランスとスイスだけが、問題をこじらせていた。とはいえ、フランスでは地元競技諸団体の顔を立てることによって、スイスでは州ごとの自主性に配慮することによって、それも解決に向かっていった。

しかし、チェコやフィンランドの委員会のようなものもあった。前者は最も早い時期からの委員会で、基礎的な枠組は一八九九年にでき、一九〇三年に体制が固まった。イジー・グート・ヤルコウスキー博士は、不撓不屈の根気よさを以て委員会を創設したが、それはかれのチェコに対する祖国愛のなせるわざであった。かれは名誉会長としてプラハ市長のスルプ氏の就任を得たばかりではなく、総督のロブコヴィッツ皇太子を護民官的な存在として得たのである。一方、フィンランドはと言うと、委員会の歴史はそれほど古くないけれども、国としての独立性には並々ならぬものがあって、われわれはフィンランドの委員としてウィルレブランド男爵を選出したのであった。さて、時は流れた。オリンピック大会は国家的行事となった。そこに皇室が加わり、政府もまた加わってきて……ペテルスブルグとウィーンとでは、暴風雨がうなりをあげはじめたところだった。

幸か不幸か、オーストリアの着手の仕方は拙劣であった。ひとりチェコのみを俎上に挙げるのではなく、ハンガリーも巻き込んでしまったのである。アルファベット順の問題である。スウェーデンが、フランス語よりも英語やドイツ語を優遇しているような印象を与えないために、王国外では理解する人のいないスウェーデン語を用いようとしたことには十分な理由はあった。かくて、大会開催のかなり前から、新聞は開会式の日の選手入場行進のアルファベット順を話題として取り上げるのであった。ストックホルム駐在のオーストリア公使は、早くもこの問題に目をつけて、オーストリアとハンガリーの選手たちが同一の団体として隊伍を組むことになっているぞ、とウィーンに注進した。オーストリア帝国首相は、このことについて口をはさんで、ストックホルムにそのとおりに実行するべきであると伝えた。一方、ハンガリーは、これをみずからのオリンピックに対する権利への侵害であると考え、一九一二年一月十九日付の手紙によって、デ・ムツァ氏は、ハンガリー委員会の名において、スウェーデンに対し、かかる主張をそのままにするのであればハンガリーは大会への参加を辞退するであろうと知らせるのであった。いきり立った外交文書である。ついには、首相の側が発言を撤回した。

この何か月か前から、オーストリアのサッカー選手たちはチェコチームの排除を要求し、この争いにドイツも巻き込もうと画策していた。これは、大変微妙な状況を招いた。と云うのは、われわれの新委員であるフォン・ヴィンディシュグレーツ王子が大皇妃エリザベートと結婚して、フランツ・ヨゼフ皇帝の義理の孫となってしまったからである。そうなると、いかにかれ自身が協調を以って旨とする人物であろうとも、かかる状況下では、ボヘミアの名前をオリンピック参加国の中から抹消すべきだと主張する首相に対して反対を表明するわけにもいかないのである。そうこうするうちにも、パリ駐在のロシア大使イスウォルスキーから「ロシア帝国外務省の名のもとに」フィンランドについて同様の抹消を行うべしと主張する手紙が届けられた。

問題点は三つの側面をもっていた。ひとつには、ＩＯＣという組織がある程度まで当事者として関わっていること。ついで大会参加者の序列や行進の順序が問題となっていること。最後に、チェコなりフィンランドなりの選手が勝利を収めた場合に掲揚されるべき旗をどうすべきかということである。スウェーデンの委員会は最初の異議申し立てに対して、決定権はＩＯＣにあって、その決定を尊重すると、たいへん誠実に回答したのであった。われらが委員たちは、二人の仲間に対して辞任を強いるようなことは認めなかっただろうし、また実際に辞任が強いられることもなかった。イジー・グート博士にしてもヴィルレブランド男爵にしても、自発的に辞任すべき理由を見出せなかった。求められるとしても、単にＩＯＣの名簿の中のかれらの所属する国名を、ボヘミアをオーストリアに代え、フィンランドをロシアに代えることだけであった。人々はＩＯＣの決定を待機し、ＩＯＣのメンバーたちは委員長の決定を待ち望むのであった。

わたしは困惑した。というのも、一方において否定すべくもない確かな政治的事実というものがあり、また他方においてわれわれを忠実に支持し続けてくれた国々の主張のもつ正当性とそれらの国々に対する感謝の念があったからである。しかし、わたし個人の感情は、職務上の要請を越えない程度にまで抑えなければならない。もし可能であったら、わたしはボヘミアやフィンランドばかりではなく、ポーランドとアイルランドにも然るべき位置づけを与えたことだろう。わたしは、ロシアからの打診の書状を受ける前に、みずからすすんで名簿の順番でフィンランドをロシアの後に、ボヘミアをオーストリアとベルギーの間に移動させたうえで、含みのある言質を取られないような言い回しを用いて、外交上の長談義をはじめるのだった。わたしはこの譲歩を行うに当たって、ロシアの皇帝《ツァー》がフィンランド大公の称号をもち、オーストリアの皇帝がボヘミア王の称号をもっているものの、この二つの国には、より弱小な自治権しか有しない他の属領とは異なった地位があることを喚起した。とりわけ、政治的な国境の線引きとは一線を画した「スポーツにおける地理」というものが否定すべくもなく存在していることを、わたしは絶えず繰り返して主張した。ボヘミアとフィンランドに有利になるように、われわれはこの事実を知らしめなければならなかったが、その一方で、前年からクロアチアのソコル運動から受けていた要望については、根拠薄弱という理由で、われわれはこれを拒絶した。……わたしの努力は挙げて時間稼ぎに向かい、そのために問題をややこしくするような手紙を、あるときは直接ペテルスブルグやウィーンに、またあるときはストックホルムに、またあるときは関係国のオリンピック委員会に向けて送ったのであった。ほどなくして、わたしはこうしたやり方が、イスウォルスキー氏のみならず、ロシア政府をも、たいそううんざりさせていたことを確認することになったが、じっさい、ペテルブルグがわれわれに対して口出しをすることはなくなった。しかしウィーンはもう少し頑強であって、チェコの委員会の了解を取ったうえで、チェコの存在を知らしめ、将来への希望をつなぐために、名簿にCOTという頭文字を記載するのみにとどめるところまで譲歩せざるを得なかった。国旗の問題の解決策は次のごとくである。チェコなりフィンランドなりが優勝した場合には、それらの国の長旗をオーストリアなりロシアなりの国旗の上に掲げるのである。この措置のおかげを以て、ロシアの国旗がかろうじて旗竿に掲揚されることを得たのであった。わたしは思い出すが、大会終了時にこのことを知らせると、ウォヤイコフ将軍が喜んでいた。この名高い宮廷付きの将軍の立場は、革命の初期にあってさまざまな議論を呼んでいた。そのかれが、数多くの若き士官たちの長として、戦艦に乗って、バラライカの軍楽隊をも引き連れて登場したのであった。このことは、終始ロシアびいきであったマリア・パヴロヴナ大皇妃——当時、スウェーデンのヴィルヘルム王子の妃殿下でのちに離婚した——をたいそう喜ばせたのであった。

以下、いきさつを詳しく述べ立てるのは控えることとするが、ただ、第五回オリンピックが美しい薔薇の花のごとく、茎にはとげがあったことを示しておけば十分であろう。外交上の困難なしがらみ、個々人の間に見られるささやかな策謀、慎重に扱うべき自尊感情、傷つけられた虚栄心、目に見えぬところに仕掛けられた罠。つねに警戒を怠らず、トラブルは事前に察知して問題が大きくならないようにする必要があった。かくのごときが、とげである。しかし、問題は薔薇の花を描き出すことにある！　その満開は、なんと魅力的なことであろうか！スウェーデンの夏が、かくも壮麗にくりひろげられたことはなかった。五週間にわたって、自然の歓喜はつづき、陽光は海の微風をつらぬき、白夜の時節、色とりどりの小旗や長くつながれた花飾りや色あせることのない光によって輝けるイルミネーションがよろこびを表わしていた。街の素晴らしい環境の中に、若さのもつ一般的な快活さがあふれかえった。ひとは眠らなかったし、眠ろうとも欲しなかった。祝祭につづく祝祭は、スポーツ行事を妨げることなく行われた。尖頭アーチと塔をもったゴチック様式のスタジアムは、その技術的な完璧さといい、秩序正しさといい、運用に関わる諸規程の手順といい、以てこの種の建築の範となるものと思われた。それは、あるときは宴会場ともなれば、コンサート会場ともなり、舞踏会会場ともなるといった具合で、つねに翌日の用途に合わせて姿を変えるのが見られるのであった。ある夜などは、芝生が併置した板によって覆われ、障害の穴が掘られるとともに、馬術競技のために花の植え込みが飾られるのが見られたのであった。すべては音もなく、遅れもなく、まったく間違いもないままに行われるのであった。ロンドンでは、近くでオリンピックが開催されているからといって、この大都会の生活に影響が及ぶようなことがなかったのにひきかえ、ストックホルムでは、町のすべてにオリンピックが浸透していた。市のすべてが、外国からの来訪者に敬意を表し、かつての古代オリンピアではかくのごときであったに相違ないと思わせるような雰囲気を示すのであった。しかし、それは諸施設の現前と現代的な魅力とによって誇張され、美化されたひとつの幻影であって、それは、一切の陋劣さによって汚されることなく、復古的ヘレニズムと時代の進歩とが手を携え、ともに来客を迎えるという風情があった。

皇太子は、いたるところに、倦むことなく、明敏快活かつ実践的に、微笑みをもってうごき、また、委員会の在り方もかれに習ったのである。世情に通じたバルクは、状況をみずからの意のままにした。かれはいかなる細部といえども、ゆるがせにはしなかった。このオリンピックは、かれの輝かしい勝利であった。かれが伝統的な体操を放棄することなく、あらゆる形態におけるスポーツをみずからの国と結びつけようとするこれまでの奮戦の成果がこれである。この排他的な信仰の厳格な祭司の中には、ストックホルムにはこの大きくなった信仰を飾り立てるに足る創意工夫が見られないではないかと言ってストックホルムを避けるような手合もあったが、世論はバルクを離れるようなことはなかった。

ここで一九一二年の『オリンピック評論』誌を振り返ってみよう。月刊として創刊されてから七年を迎え、これまでになく、教育的な役割に紙面が割かれている。六月号はスウェーデン総特集で、その歴史の鳥瞰図と現状分析が行われている。アンドレ・ベルッソールによる新刊の好著の一節の抜粋紹介もある。スウェーデンのスポーツ諸団体も紹介されている。スウェーデンは、特別に金をかけて二つの世界の若者たちを受け入れた。ここにおいてか、スウェーデンに関わることを、われわれが読者に知らしめる順番となったのではないか。この視点は、次号の巻頭に「Pax olimpica（オリンピックの平和）」というタイトルのもとに英語で展開された。ラファン執筆の魅力的な論説は、軽やかで若々しく、模範的であると同時に古代のオリンピズムの遺産たる寛容と相互尊重という偉大な考え方を思い起こさせるのであった。この論説は多くの果実をもたらすであろう。というのも、かくも多くのスポーツマンたちの間に、かくも素晴らしい調和が行き渡ったことは、かつてなかったからである。それに続くのは、芸術と文学の競技に関する報告である。結果はさほど輝かしいものではなく、あまつさえスウェーデンの芸術家たちの要望を受け入れたことによって効果は減退した。かれらは別に派閥をつくり、かれら自身の間でもうひとつ別の小さなコンクールを実施した。この要望には押し切られてしまう結果となったけれども、その不適切さはただちに退けられるべきものではあった。しかし、ともかく第一回の芸術競技が実施され、賞が授与され、入賞作品は公開されたのである。これが第一歩であり、踏み出したことが大切なのである。

八月号では帝国議会《リクスダーグ》議事堂の上院の部屋で七月四日に開催されたＩＯＣ総会の報告である。ここには皇太子御夫妻をはじめとする皇族たちも臨席され、たいへん多くの出席者を迎えた。イギリス、アメリカ、ドイツ、イタリア、オーストリア＝ハンガリー帝国の委員たちは全員出席。また、日本の委員がわれわれの仲間として参加したのは、これがはじめてのことである。

第六回オリンピックはベルリンで開催されるであろう。ドイツ帝国の首相は皇帝の決意表明を伝えるのだった。

すべては順調に進んだ。ここでパリ会議のプログラムとその規定の決定版が確定されるであろう。

七月号はオリンピック大会の結果報告である。アメリカは二十六種目で優勝し、スウェーデンは二十三種目、イギリスは十種目、フィンランドは九種目、フランスは七種目、ドイツは五種目で優勝といった具合で、イタリア、ハンガリー、ノルウェー、南アフリカ、カナダ、ベルギー、ギリシア、オランダ等がそれに続いた。

イギリスは、コーチたちの熱意はともかく、準備の不適切に加え、一連の失敗に直面してすっかり意気阻喪してしまったという態であったが、それにひきかえフィンランドはというと、財政的な裏づけもなく、練習場所もなく、冬の長さも尋常ではないという不利な条件をかかえていたのに、まさかの栄冠を獲得した。理由は単純明快、選手たちが勝利を獲得せんとする意欲を有していたからである。

ここにひとつの記録がある。スウェーデンのヴェルサル夫人は、六人の息子たちがことごとく大会に関わった。末っ子はボーイスカウトとして、場内整理やメッセンジャーボーイをつとめたのである。古代オリンピックの理念を地で行っているではないか。IOCはかの女にオリンピックのメダルを授与した。

ふたつの改革もあった。ロンドンにはセント・ポール大聖堂があったが、ストックホルムには、これに匹敵するような大きな教会はない。そこで、開会式に際して簡潔な宗教的儀式が行われた。簡素な賛美歌、ウプサラ大司教によるスウェーデン語による祈祷、それからラファンの英語による祈祷で、すべて合わせても十分といったところである。そうして、幾千という観客と選手たちの間に訪れた大いなる静寂の中に、崇高さに到達するものが感じられるのであった。わたしには、いささかやり過ぎではないかと思われたけれども。

勲功にかかわる面倒を回避するために、王は新たな勲章を作成した。青と淡黄色のリボンをつけた銀のメダルを広く授与したのである。これは名案であって、顕彰を受けた人々は舞台裏でたいへんよく働き、大会終了までの間、勲功の軽重だの、国の間での「主客転倒」だの、闇取引だの、考慮すべき格付だのといった、およそ鼻持ちのならぬ問題が生じることもなかったからである。

ジャーナリズムは？……批判精神や不偏不党の公正さという点では、どう考えても不十分なのであるが、それでもロンドンの時に比べると進歩はしていた。ある外国の新聞に至っては、悪意を込めて「赤字は四十万マルクに達したし、今後もつねにそうなることが見込まれるだろう」と主張した。そこでわたしはこの間の事情を明らかにするために、バルクに至急収支の状況を知らせるように依頼した。すると経費が七七万六千クローネに対して収益は八二万二、七六七クローネである。上首尾の黒字である。競技場の建設に関してはおよそ百万クローネ前後を要しているが、これは国と市の支援を得た恒久的な建造物である。ストックホルムは、どう見てもここで利を得ているのである。

馬術競技の壮麗さが最終幕であった。ローセンはそれを華やかなものとするために採算を顧みなかった。それは素晴らしかった。かくてこのフィナーレの幕は降ろされた。そして出発である。辞去の時を告げる鐘が鳴り、北国の短い夏が終わりに近づき、陽光が斜めに傾くとき、最後の訪問者はスカンディナヴィアの友人たちに対する感謝とオリンピックの未来に対する希望を心に満たしながら帰路に就いたのであった。

14

スポーツ心理学会議（ローザンヌ、一九一三年）

スイスは、十九世紀末にはなんらスポーツ愛好とは縁がなく、すくなくとも「条件はすべてそろっているのにスポーツのない国」と言い得るような国であった。テプフェール（訳註：ロドルフ・テプフェール一七九九〜一八四六　スイスの漫画家。コマ割りストーリーマンガの先駆者と目される。）のマンガのようなやり方は悪くはないけれども、一種の島国のような塩梅で、まったく国際的ではないのである。スイスには、体操選手と射撃選手とアルプスへの挑戦者たちはいたけれども、それがすべてだった。スイスは、外的な光栄に対する切望をもつことはなく、山々も交通のために利用するだけであって、冬のスポーツに用いようということはなかった。政治的には州分権制主義者で、ともすると連邦政府の権力には懐疑的なのであった。そんな具合で、スイスはオリンピック復興にもなんら関心をもたなかったが、わたしはこの無関心に対して残念に思うこともなかった。スイスをよく知らなかったからである。遠くから見る限り、スイスはそのままであるべきだと思われた。一国の内的な進化は、旅行者としてその国を訪れる場合は、見過ごしがちなものであるが、わたしもまた、見過ごす方の口なのであった。一九〇三年に縁あってスイスの諸制度を調べる機会に恵まれ、また新たな軍事機構の一端に触れることができたのは、評判の高い士官ド・ロワ大佐のおかげであるが、そこでただちに了解したのは、中欧にひとつの小国があって、その運命は革命とはほど遠いものの、注目すべき未来の可能性を秘めており、そこは文化国家を試行する「場」の役割を無言のうちに果たすであろうということである。そのときから、スイスはわたしにとって限りない関心の対象となった。

ことスポーツという視点から見ると、スイスは自然といい、生来の環境といい、またその他の面から見てもまことに恵まれていて、それらを活用するのが後手に回っているのが理解できなかった。一九〇六年十一月の『オリンピック評論』誌に掲載した「スイス、スポーツの女王」と題する記事は、すべてが実現するには至らなかったものの、いまにして思えば、多分に預言的な性格を有していた。

このような国は、オリンピックにとって重要な役割を演じるように運命づけられているが、そうであることを納得させる必要がある。かれらがわれわれに与えようと望むものをわれわれが容易に入手できるのは、かれらからのみであると思い起こさせることは、不当なことではあるまい。スイスのIOC委員ゴッドフロワ・ド・ブロネーは、このあたりの事情について詳しい。かれは長期にわたり、根気強く州分権制というざらついた基盤の上にスイスオリンピック委員会を創設したが、この種の機構の構築に対しては、しばしば抵抗がみられた。

しかし、わたしはここで、スイスに関する研究を書くつもりはない。それは、いつかわたしが「世界史」を執筆する折にでも、スイスに対する真率な驚嘆の念を述べることにしよう。ここでわたしは、いかにしてスイスを獲得することを望むようになり、その手始めをローザンヌとしたこと、そしてローザンヌ獲得のための足がかりとして、なぜ学術会議開催という手段を用いたかについて述べるにとどめよう。

ローザンヌは、ルドルフ・フォン・ハプスブルグ（訳註：ルドルフ一世一二一八〜一二九一）が教皇（グレゴリウス十世）から戴冠を受けた日以来、過去に何度か国際的都市となったことがある。そうした点から見ると、二十世紀初頭のローザンヌには、いささか活気がない。人々は名医たちの診察を受けに来たり、旅行のときの一時滞在を楽しんだり、あるいはのんびりとした閑暇という幸福を味わうために長期滞在したりといった具合で、とくにこの都市が明確な役割を演じるということはなかった。ローザンヌ大学は、最近、いささか風変わりな建物に移転したところだが、少なくともそこにはみずみずしさと若々しい輝きがあり、とくに卓越したところがあるわけでもないのに、学界において相応の地位を占めるに至った。町は湖のほとりに心地よくひろがり、森に包まれ、あらゆるスポーツに対応可能な環境を備えているので、そこにオリンピズムを管理する本拠地を設置することは（市内であれ、近郊であれ）、思いつく限りでの最善の案であった。そのためには、まずそこに入り込むことが必要である。

わたしは、かなり急速に際立ってきた医学への関心が、もっぱら生理学の方ばかりにしか向かわないのをどうかと思い、心理学にも関心が向けられることを願っていた。わたしには、魅力あるスポーツマンで『身体鍛錬の生理学』の著書をもつフェルナン・ラグランジェをはじめ、多くの医者の友人がいるが、若干の悪口になるのはお許しいただこう。それほど前のことではないが、わたしはスイスで二か国語の医師向け専門紙『実践』に「不健全な状態」について意見を表明した。「不健全な状態」は、本来例外として考えられるべきであるが、それが次第にあらゆる領域で正常であるかのように扱われるようになり、ことにスポーツの領域において、それが一般的だとされるようになっている。ここは、この微妙な問題について略述をこころみるべき場ではない。しかし、ここまで申し上げただけでも、ローザンヌの会議を開催すべき理由を示すには十分であろう。わたしは一九〇九年以来、このことについて委員たちに語り、その二年後のブダペストの会議で示したプログラムが熱烈に受け入れられたので、独、英、仏、伊の四カ国語で出版した。短いものだから、参考のため、ここに再録しておこう。

スポーツ活動の起源について

個人のもつ生まれつきの適性：一般的適性（柔軟性、敏捷性、力、持久性）：特殊な適性（特定のトレーニングに対する生来の適応性）——スポーツにおいて遺伝が果たす役割と影響：その観察とそこから引き出せる結論。——個人をスポーツに駆り立てるには、生まれつきの適性のみで十分か、それとも「スポーツへの欲動」をさらに必要とするか。この欲動の性質と作用。——それは模倣の精神と意志の介入により誘発ないし補填されるであろうか。

継続とその在り方

真のスポーツマンを唯一作り出すことのできる継続がゆるぎないものとなるのは、欲求が生じたときのみである。スポーツへの欲求が生理的な習慣によって生じるとすれば、それは筋肉の自動作用によるものであろうか、あるいは密度の高い練習によって引き起こされる空気への渇望によるものであろうか、あるいはまた精神面における野心として、この「野心」は拍手喝采を得たいという欲求に由来するものであろうか、あるいはより気高いねらいをもって、美と健康ないしは力を求めようとするものであろうか。

運動の種別ごとに異なる心理学的な特徴について：それぞれのスポーツによって、展開され、活用される知的ならびに精神的な諸特性。――スポーツを実践するにあたっての異なった諸条件：単独プレーかチームプレーか；協力か競争か；自発性か規律か；チームの育成と展開。

成果

スポーツの成果には厳密な正確さが求められること。――トレーニングと馴化の状態との違い。――通常のトレーニングは純粋に肉体的なものであり得る。それは、抵抗を与えることによってのみ強化される。しかし、それはまた意志と熱意と自信をつちかうことによってモラルの進化にも寄与しうるのであり、またおそらくは、平常心と精神的な秩序の形成によって知的な進化にも寄与しうるのである。それにはどのような条件が必要であろうか。

要するに、スポーツの活動は、生活における哲学の実践の萌芽をそのうちに含むのではないだろうか。

このプログラムは、あえて申し上げるとすれば、医科学に対する防御を行うことによって、その分、哲学や教育学を有利にしようとするものであり、もし可能であれば、スポーツマンたち自身の中にそれらへの関心を呼び起こそうとするものであった。しかし逆説的なことに、この件でわたしを援助したのはモラ博士というひとりの医師で、かれは義父の旧友で、当時ヴォー州の衛生部門の指導的立場をつとめていた。かれの三人の息子は芸術と文芸と科学の部門でそれぞれ名をなしていた。かれはモルジュの町にあって、酸いも甘いもかみ分けた長老のような存在となっていた。この若者に取り巻かれた長老のもっとも大胆な発想にも親和的で、正しい判断にもとづく、バランスのとれた共感の反響を見るようなものでなければ、ヨーロッパ内であろうとその外であろうと、なにごとも進展することはなかった。かれはすぐさま、この会議に熱烈な関心をもち、わたしがすべてを言わぬうちにも、オリンピックとスイスに対するわたしの本音と隠れた動機とを見抜いてしまった。かれのおかげで、わたしは協力者としてローザンヌ大学のミリウ教授――かれは、逆境と果敢に闘っていた雌伏時代のベニト・ムッソリーニがその講筵に連なっていた――のほかに、学長のド・フェリーチェ氏や名門私学の校長アオケンタウレル氏を得たのである。かくて最初のチームが形成された。わたしは歴史家と哲学者として名高いグリエルモ・フェッレロに開会の言葉をいただく確約を得たうえに、セオドア・ルーズヴェルトみずからの手になる声明文の送付も受けていた。そのうえでもなお、わたしはこれから開幕されることになる議論の行方を楽観視することはほとんどできなかった。掲げられたテーマが前代未聞であり、会議参加者の大半にとって、あまりにもなじみのないものであるから、議論があらぬ方にそれてしまわないとも限らない。しかしプログラムは残るし、何人かの名前に対する権威も残り、また、このこころみの独創性に対して人々の注意を引きつける結果になるだろう。

会議は一九一三年五月八日の木曜日の朝に開会した。その前日と前々日には、大学の役員室でＩＯＣの総会が行われ、そこに三人の新たなメンバーを迎えることとなった。イギリスのサマセット公爵、ポルトガルのペーニャ・ガルシア伯爵、ベルギーのラヴレー男爵である。開会式は大講堂で行われた。街は小旗で飾られていた。小さなボーイスカウトの面々が、階段に人垣を作った。ローザンヌの合唱連合と男声合唱団とによる美しいコーラスが喝采を浴び、それから連邦参事のデコッペが連邦最高会議の名のもとにあいさつを述べた。わたしは答辞の中で、悲しいことに、つい先だって逝去したモラ博士への追悼の辞を述べねばならなかった。ついでフェレッロが独創的で哲学的にも高度の内容をもつ講演を行った。開会式のあとで、会議は議長としてわたしを選任し、副議長としてベルギーとオーストリアの代表、すなわちミリウ教授とアオケンタウレル氏を選んだのであった。今回の発表内容をまとめた論文集が用意されていた。その多くは興味深いものであったが、先にも申し上げたとおり、対象となる領域を確定させることに多大の困難を伴うことが示されていた。ルーズヴェルトが自ら筆を執った文章は、さまざまな講演の予稿がならぶ中で、もっとも説得力をもち、それに比肩するのは、元アスリートで現在はノルマンディー大学のすぐれた学長をつとめるルイ・デデによる、チームの形成と組織化と衰退とに関する深遠な考察であった。

市当局と市長のP・マイユフェール氏による一連の祝祭の幕開けは五月七日であった。その翌日の夜、樹齢数百年の木々のはざまからレマン湖を一望できる名高いド・ラルク修道院のテラスにおいて、他では企てることができないような祝祭が開かれたのである。芝生の上には二十二人のもっとも美しいレスラーたちが、一風変わった衣装を身につけた仲間の牧者や羊飼いたちに取り巻かれ、松明のかすかな光の中で、技を競い合っている。茂みの後では、合唱隊が歌っている。「ラン・デ・ヴァシェ」が鳴りひびく間に、松明はひとつひとつ消えて行き、最後の対戦は月光のもとで行われた。三日目の夜は、この会議のために特別に用意された「快活な」レヴューが、集会所で演じられた。多くの宗教的な歌謡や舞踊には、アンコールが求められた。また、果樹園ではヴェネツィア風の祝祭があり、ゴッドフロワ・ド・ブロネー男爵夫妻主催の舞踏会が開かれた。男爵はこれに先立ってグランソン城でＩＯＣ委員に加わったところである。最後に、しめくくりとしてヴォー州の参事院によって昼食会が催された。シヨンの城の由緒ある部屋には、たくみに復元されたいにしえの装飾と衣装がしつらえられていた。

ＩＯＣは、この会議から実用的な成果を引き出せるとは期待していなかった。新たな学問研究のテーマに対する名づけ親となって、そこに必要にして十分な条件が備えられたのを確認することをもって、この命名行為には満足すべきであろう。総会では、「通常業務」をつつがなく処理した後に――いくつかの懸案事項が残っているのでこのような表現を用いたわけであるが――翌年開催予定のパリの会議に関するプログラムと規定を討議のうえ裁決してから、ＩＯＣはソープ事件について向き合わねばならなかった。

第五回オリンピックは終わっていたが、近代五種競技と十種競技の優勝者であったジェイムズ・ソープが「隠れプロ選手」ではないかと告発されたのである。関連書類はスウェーデンとアメリカのオリンピック委員会から提出されたが、ＩＯＣがこの種の影響の大きくなる性格をもった問題に対して判定を下すことになったのは、これがはじめてのことである。一連の書類は次の四種類。ジェイムズ・ソープのサリヴァン宛の書簡。ペンシルヴァニアのカーライル・カレッジ校長による同じくサリヴァン宛の書簡。サリヴァンのＩＯＣ会長宛の覚え書。そして、アメリカ陸上競技連合とアメリカオリンピック委員会の会長と書記長による「供述」で、そこには調査結果とその結論に至る理由が述べられていた。それから二十年を経た現在になってこの書類を読み返しても、そこから最初目にしたときと同様の威厳と真率さの印象を受けるのは、なにもわたしばかりのことではなく、ＩＯＣ委員たち全員にとっても同様であろう。また、この提議に対して、一九一三年時点でイギリスのＩＯＣ委員であったサマセット公爵とラファン師の発案により、この件に関して「際立ってスポーツ的な」態度をとったアメリカの指導者たちに対して賛辞が送られた。もっとも、ソープの出自がインディアンであることをもって、かくも容易に「処分」できたのであろうなどと言う人士もないではなかったが、それは下衆の勘繰りというものである。この「処分」は、一九一二年のアメリカの顕彰者名簿に対して、あきらかに国家的な威信に関わるかたちで格下げを行うものだからである。ソープが咎められたという事実について、わたしは何も申し上げるべきではないであろう。ただ、当時のアメリカには裕福ではないが、スポーツに夢中という多くの学生がいて、かれらはプロ野球のチームに入るにあたって、しばしば「芸名」を用いたのである。ソープは一九〇九年と一九一〇年に、本名でチームに参加したが、その軽率さがいかなる結果をもたらすかについては思ってもみなかった。だれもそのことは知らなかったし、カーライル・カレッジに帰還後も、かれはつねにアマチュアと見なされていた。かれの率直な手紙を読み、またカレッジの校長の誠実な対応がみられる手紙を読むとき、なんら臆することなく同様のことをやっているテニス選手がいることをわたしは思い起こさないわけにはいかない。……しかし、ソープについては、なんらためらうことなく資格は剥奪され、ストックホルムにおける優勝は返上せざるを得なかったのだった。

15 オリンピック二十周年（パリ、一九一四年）

一九一〇年頃のことになるが、わたしは外務省である書類を見せられたことがある。その内容は思い出せないけれども、他省への回付を経てオルセー河岸の外務省に戻ってきたもので、大きく乱暴な文字で「フランス政府はオリンピック大会を公認しない」と書類を横切るように書かれていたことを覚えている。かかる悪意を露わにした高官が誰であるかを特定することはわけもないことであった。しかし、その主が誰であるかなどはどうでもよろしいが、こうした断定的な決めつけ方はあんまりではないか。わたしは自分自身に言い聞かせた。「しばし待つべし！　いずれはフランス政府もオリンピック大会を認めざるを得ないようにしてやろう！」この日から、オリンピック復興二十周年記念祭を開催するにあたって、それがパリの公的機関と社交界とが全員一致で賛辞を贈らざるを得ないようなものにしようと、わたしは決意した。

　実際の難関は……最初のところのみであった。尋常のやり方——すなわち、神聖侵すべからざる行政機構が因習的に求めるところの調査とその裏取りや、趣意説明書をはじめとする一連の書類のための書類づくり——を採らずに、政府に強いて祝祭の後ろ盾とならざるを得なくすることが必要だった。ＩＯＣがブダペストで会議を開催せんとする矢先（一九一一年五月）のこと、首相と内務大臣を兼任していたモニ氏は、奇禍に遭って病の床にあった。わたしは内務省《プラス・ボーヴォー》におもむき、官房長ないし官房次長に刺を通じたが、そこで出てきたのは、わたしの思い違いでなければ、大臣と同じ名字であったから、おそらくはその親類縁者であったろう。その優美な青年は社交界に通じており、そしてすぐさま状況を理解した。わたしは説明した。「何が起きようとしているかを御覧ください。これからＩＯＣで投票が行われますが、三十か国四十人の委員のうちフランスの委員は四人にすぎません。この投票で、一九一四年六月に、パリでオリンピック復興二十年祭を開催することが決まろうとしていますが、フランス共和国にとって、この祝祭の後援者となることは名誉あることです。この名誉がただちに受け入れられることなく、あちこちの異議を調整して回答が引き延ばされるとなると、いかに残念な効果が生じることでしょうか。しかも、わたしはわが国の行政と政治の慣例からして、かかる調整の過程を踏まざるを得ないことを、十二分に存じ上げております。さて、ここに持参しておりますのは、票決後ただちに首相に向けておくられる手筈となっている書状の案文です。これに対して想定される回答の文案も用意いたしましたが、いかがなものでしょうか?」そうして、わたしは『オリンピック評論』誌一九一一年七月号に見ることのできるわたしの書状とそれに対する回答案を読み上げた。「IOCのブダペスト総会における票決の結果等についてお知らせいただいた御親切に対して深謝いたします。（然るべき詳細な説明がつづいて）……わたくしは、この興味深い御報告を寄せられたこととIOC委員諸氏がフランス政府に対して好意ある共感の念を抱いていることに対して感謝を表明する栄誉を有します」

事の次第はかくのごとくである。五月二十五日に票決は拍手をもって採択された。それから四週間を経ずして、わたしはかねて申し合わせの文面をもった大臣の書状を手にしていたというわけである。次いでわたしは、IOCによって選ばれた特別委員会の仕事と国内委員会による大会議準備の仕事とを分割したうえで、わたし自身は、経費の大部分をわたしがもつこととして、祝祭の組織に関する仕事に専心しようと決意した。委員会は、わたしの主宰のもとに、ブルネッタ・デュッソー、ド・ブロネー、カロ、ラファン、スローン、ファン・テュイル、フォン・フェンニンゲンといった陣容であった。その主たる仕事は、会議の準備にあたって各国のオリンピック委員会に関わるデータ集計の準備であり、未来のオリンピック大会のありうべきプログラムについて研究することである。委員会は八か月ののち、一九一二年の三月二十七日と二十八日にバーゼルで開催され、第一の問題についてはスローン教授の、第二の問題についてはラファン師の報告を聞くこととなった。国内委員会の長たち、たとえばデュヴィノー・ド・ラノー（フランス）、ド・ラヴレー（ベルギー）といった面々は、かれらの委員たちの見解を披瀝するためにやってきた。ヨーロッパ体操連盟や射撃、水泳、漕艇の国際連盟の事務局も、かれらの見解を求めるべく招かれたのであった。その四か月後に開催されたストックホルムの総会において、委員会の提案に若干の修正を加えたうえでこれを承認し、その仕事の委託を継続した。委員会は、実際、スウェーデン滞在を好機としてドイツ、アメリカ、ベルギー、ロシア、イタリア、オーストリア、デンマーク、オーストラリア、フランス、ギリシア、オランダ、ハンガリー、日本、ルクセンブルク、ノルウェー、フィンランドの各国オリンピック委員会会長や代表者に加え、さまざまな国の選手たちとも意見交換を行ったのであった。その結果として、技術環境面の至らざる点に対する要望の豊富な資料を得ることができた。それと同時に、わたしは各国委員会すべてに対してパリへの公式招待状を配布した。特別委員会は、あらためて一九一三年の総会の前日にローザンヌに集まった。その提案に対してIOCからの最終的な承認が得られたので、パリ会議のプログラムと諸規程は『オリンピック評論』誌の一九一三年六月号に仏独英の三か国語で掲載された。

IOCによって承認された各国委員会が代表者として要求できる定員は以下のごとくであった。ドイツ、イギリス、フランス、合衆国、イタリア、ロシアが十名。オーストリア、ベルギー、スペイン、ギリシア、オランダ、ハンガリー、スウェーデンが六名。その他は原則五名で、フィンランド、ルクセンブルグ、モナコとチェコのみは二名とした。IOCの委員には投票権はあるが、自国の委員会の代表にはなり得ないこととした。委員会を有しない国については、外務大臣の紹介によって三名の代表の参加は認めるが、発言権のみで議決権は有しないものとした。ついで委任代表権の確認、会議の事務局、審議と討議、公用語（フランス語、英語、ドイツ語）に関する提議が行われ、それからあらかじめ提示されていた諸問題が論じられた。資格問題に関して、性別、年齢、国籍、出場競技に対してアマチュアと認められるか否か。各競技にエントリーできる人数をどうするか。必須とされる競技と選択競技のリスト。技術上の諸規程。審判と表彰。ここに挙げたのはテーマの表題のみである。すべては詳細にわたり、すでに申し上げたように、ほぼ二年間にわたって審議されてきた問題点であるが、これらはさらに深い調査に委ねられることとなった。

　祝祭のプログラムを組み立てるに先だって、わたしはファリエール大統領の七年の任期が切れるのを待機した。かれはジュール・グレヴィ更迭以後のフランスの元首の中で、間違いなく、もっとも非オリンピック的な人物であったからである。かれの後任が選出されるのを待って、わたしは通知を開始したが、その間に「社交界」において行っていたいくつかの働きかけが、すでに成果をもたらしていたのだった。一九一三年の早春にわたしがパリを訪れると、新大統領のレイモン・ポワンカレ氏からたいそうな歓待を受けた。その時、外務大臣のS・ピションのところにも立ち寄ったが、わたしはかれがチュニスの総督やパリ市会議長をつとめていた頃からの知り合いなのであった。すべては迅速に整えられた。ローザンヌの会議と総会からほどなくして、元首に詳細にわたるプログラムを持参すべくわたしはパリに戻ったが、そこには十四日間の会期に十七以上の式典と祭式が含まれている。大統領自身もそのうちの三つに登場する。ソルボンヌとトロカデロとエリゼ宮である。大統領は笑った。ちょうど一年後のことである。「これは確定版かね?」とかれは訊ねた。「もちろんですとも」とわたしが応じると、「それじゃあ予定を入れておこう」とのみ、かれは答えた。かれはそれらの日付を備忘録に書き込んだ。わたしがこれらの行事すべてを通じての目的とすることがなにかについて説明をこころみようとすると、かれはそれを押しとどめて「いや、分かっているんだ。フランスのすべてということだろ?」そして、かれの満足した微笑は、かれの祖国愛がすべてを了解したことを物語っていた。

　「フランスのすべて」この言葉のみをもってしても、わたしのこれまでのはたらきは報われたようなものである。そして、じっさい、大統領にお認めいただいたプログラムには、ドゥドーヴィル公爵夫妻主催のオテル・ド・ラ・ロシュフーコーにおける祝賀会、ノアイユ公爵夫妻主催のマントノン城における園遊会、エリゼ宮と外務省と市役所における歓迎会の間にはめ込まれたポトツキ伯爵によって提供される「盛装の馬術行進」。それらに加え、セルクル・オシェのフェンシング祭はドカゼ侯爵が主宰し、ブローニュの森の夜会とセーヌ川の上で行われる漕艇祭はフランスのわれらが委員ベルティエ伯爵とアルベール・グランツ氏によって開かれ、ドイツ大使館における夜会は……アメリカ委員会の長たるトムソン大佐招聘による大使館のレストランによる本来の晩餐会に加えて、のちにブリュネッタ伯爵による夜会が追加されることになったのである。

「フランスのすべて」ということで、妻とともにわたしはコメディ・フランセーズを貸し切りにして中世のファルス『バニョレの歩兵射手』から当節流行のフレールとカイヤヴェにいたるフランス演劇の三段階を示す出し物を提供した。プログラムとメニューは版画家シュテルンの手をわずらわせ、それぞれ異なった時代のスタイルのデザインとした。『オリンピック評論』誌のある号は、特集として、会議参加者たちが立ち寄りそうなパリの名所旧跡にまつわるさまざまなエピソードを紹介した。ブローニュの森からソルボンヌまでの間で、そこにはサン・クロティルド、パンテオン、エリゼ宮、トロカデロ、有名人の個人宅や市役所などが含まれていた。さらには、会議参加者たちに対して「現代フランス・ノート」と題する豪華なパンフレットも配布した。A・リボー、レオン・ブルジョワ、エドモン・ペリエをはじめとする十二名の名だたる有識者の協力を仰いでいる。わたしが何をしようと思ってこんなことをしているのかと周囲から訝られた。この時点では、わたしは次の戦争が避けがたい宿命にあることなど、まったく思いもかけなかった。おそらく、わたし自身の目論見を明らかにすることのできる折も、いつかは来るだろうと思う。わたしは、わが同胞の自虐的感情が不条理のきわみにまで達して戦争を誘発するようなことは、よもやあるまいと考えていた。そうして、具体的な現実という裏づけをなんら有しないと思われるかかる感情と闘うのはわけもないものと思っていたのだった。それに先立つ二年前、ストックホルムでドイツのさる高級将校とはなしを交わしたときのことであるが、かれの慇懃な態度の中に、どことなくフランス共和国を軽侮するおもむきが見て取れたので、わたしは次のような所感を披瀝した。現代の歴史を顧みるとき、フランスが潜在し、散在している力という財産をかくも大量にたくわえている時期はなく、そこから無敵の集団を作り出すには、ひとつの衝撃的なきっかけがあれば十分である。超貴族主義的集団の長の口からこのような意見が発せられたことに対して、かれが唖然とした表情を浮かべていたことをわたしは思い出す。かれはわたしの確信を理解した。一九一二年には、わたしも率直に思いの丈を表現しながら行動を進めていたけれども、それが一九一四年の六月にもなると、苦もなくみずからの行動の着想を得ることができるようになっていた。

しかし、運命はしばしば皮肉に現われる。あまりにもフランス的な事態が発生した。二重の危機が内閣を襲い、それが未曾有の政治的な不安定性を招いたのである。会議参加者たちがパリに到着したのは、レオン・ブルジョア氏を外相とするリボー内閣の組閣直後で、まさしくその翌日にはその内閣が瓦解せんとするところであった。二日後には、オルセー河岸の外務省で歓迎会が開催される運びとなっていたが、「もちろん歓迎会の開催はないでしょうな?」と、内心の楽しさを押し隠した声で訊ねられたものである。「どうしてかね?」、「だって、大臣がいないじゃないか」、「ひとりはいらっしゃられるかな」。しかし、実際には、ヴィヴィアーニ夫妻が、まさしくその朝に引っ越してきて、定刻ともなるとサロンの入口で微笑みながら客を招き入れ、あたかもかれら自身でその夜会を詳細にいたるまで采配したかのごとくであった。会議の参加者を構成する各国から集まった(およそ百四十人からなる)国際的な集まりのメンバーには、文化人もいれば人生経験豊富な人もいたが、高い地位に就いている人々であった。かれらが驚いたのは、パリで内閣が崩壊し、すぐに再組閣される際の手際を見たことばかりではなく、とりわけ、そうした内閣のごたごたがフランスにほとんど混乱を招いていないように見えることであった。

ソルボンヌにおける記念祝典では、主賓をつとめる大統領が各国の大使にとりまかれ、各国政府、大学、諸協会からの百に余る献辞や祝電が披露され、また、この祝祭のためにパリを訪れていたスウェーデンの有名な歌手による歌唱が花を添えるのであった。「オリンピック旗」が公開されたのも、これがはじめてで、大量につくったばかりのこの旗は大きな成功をおさめた。白地の上に青、黄、黒、緑、赤の五つの輪が互いにからみ合ったデザインは、五大陸がオリンピズムによって一体となったことを象徴している。この色はすべての国の旗の色の再現である。

トロカデロの祭典には、いささか期待はずれなところがあった。構成は、リズムの断層的な増減の上にくりひろげられることになっていた。青みがかった暗がりの中で奏でられるハープの七重奏による前奏につづいて、「過去のこだま」として、古代とビザンティン風の讃歌がギリシア正教のコーラスによって歌われる。さて、ゆっくりと舞台が明るくなって行くにつれて、スウェーデンの歌手による「北の声」が、オリンピック再生への期待を呼び起こし、そして第三部はオリンピック復興への祝福で、学生の合唱隊の一群の歌声にパイプオルガンの調べが重なり、オリンピックの指導的な思想を歌い込んだ詩節の節回しは、最後の大詰めに向かって高まっていくのだった。古代風の衣服をまとった少女たちの行列は、最初のオリンピック参加国である五か国――ギリシア、フランス、アメリカ、イギリス、スウェーデン――の国旗の冠をかぶってやってくる。ゴセック編曲になる、素晴らしいラ・マルセイエーズには、鐘の音による伴奏がよく鳴りひびき……音楽は完璧であったけれども、惜しむらくは照明効果がかなりお粗末で、少女たちの行列にも、いささかの乱れがあった。全体の調和を尊重して、大統領は暗いなかを静かに入場したけれども、これは儀典上、大いにひんしゅくを買うことであった。

一九一四年の祭典は、ランスの体育学院でポリニャック侯爵が提供した素晴らしい演し物で終わりを迎えたが、この催しが会議の妨げになることはなかった。通常、午前と午後二時から四時の二回の会議があったので、マントノン探訪の日だけはすこし困ったが。いずれにしても、十四回の会議が開かれた。そうして相当の成果が上がった。代表者たちの熱意はやむことがなかった。かれらは最後まで努力を払った。わたしは、ひとつを除いてすべての会議の議長をつとめたが、何らわずらわしいことは生じなかった。発言は、ことごとく節度が保たれていた。なまじ通訳を入れるより、フランス語や英語のレジュメを配布したことが、参会者全員の迅速な理解を可能とした。わたしがとくに留意したのは、能う限り短い時間のなかで、議論の多様さと活発さを維持することであった。短い時間ではあったものの、プログラムの全体をひととおり終えることができた。各会議の速報が配布されないことは、誰も怪しまなかった。その本文を三か国語で作成し、相互を比較対照して誤りなきを期すために、ひとつの委員会が設けられた。この委員会は八月に開かれ、秋には報告書上梓の手筈となっていた。しかし、それがＩＯＣによって印刷されるに至ったのは一九一九年十一月のことで、五年も後のことである。会議の決定事項として、行われるべき諸競技、審判法、特殊規定、選手登録と選手資格等について触れられている。これは本来、第六回オリンピック大会に適用されるべきもので、ベルリンでは、この大会を従前のどの大会をもしのぐものにしようという意気込みで開催準備が進められていた。それゆえ、選手の数が相当数になることが予測されたし、一九一六年のオリンピックの一般プログラムには、ほとんどすべてのスポーツが掲載されていたけれども、世界的な悲劇によって、大会は突然の中止に向かおうとするところであった。

16 戦争の四年間（一九一四年〜一九一八年）

戦争は、ドイツ、イギリス、オーストリア＝ハンガリー帝国、ベルギー、フランス、ロシア、セルビアを相争わせることになり、事態はオリンピックという制度そのものの本質をおびやかしかねないものであったけれども、その最初の現われは、あわよくば会長職を退陣しようとするわたしの目論見をふいにしてしまったことである。事実、わたしは二十年間続けてきた会長職を勇退しようという希望をもち、それ以外の決定はないものとして、善後策について何人もの委員に話をもちかけていた。しかし、こうなってみると、一九一七年の十年間の任期満了に至るまでの間に辞任することは、問題外となってしまった。船長たるもの、嵐の中でデッキから逃げ出すわけにもいかないではないか。

ただちに二つの問題が生起した。ひとつには次回の大会のことであり、いまひとつはＩＯＣの構成である。

前者については、ベルギー侵攻から二週間も経たない時点で「会場移転」の提案をわたしは受けている。当初示されたものは漠然とした計画案であったが、ほどなくサリヴァンの調整により明確なものが示された。かれは、ここ何度かの会議を支える柱となる人物のひとりであり、その現在の誠実さにはゆるぎないものがあった。かれは「諸指針」を求めた。もはやためらう余地はない。あるオリンピアードにおいて大会は開催されなくてもよいが、その場合もひとつのオリンピアードとして勘定する。これが古代の習わしである。ドイツは、当時戦争が迅速かつ確実な勝利のうちに終わるという確信のもとに、オリンピック大会開催に対する委任を返上していなかった。この見方に立てば、アメリカやスカンディナヴィアの発議にもとづく行動の結果は、予期しがたい危険に踏み出すこととなり、オリンピックというひとつの総体に将来にわたる亀裂を生じさせ、なんら益するところがないということにもなりかねない。わたしはそれゆえ、こうした方向性をもつすべての行動を拒絶した。

イギリスの世論が、当初、節度と冷静さを欠き、学術的なものであれ、科学的なものであれ、国際的な集まりからはドイツ国籍のメンバーを排除すべきだなどと要求するようなことがなければ、ＩＯＣという組織の構成が問題となることもなかったであろう。フランスもベルギーもロシアも、さすがにそんな主張をしているようには見受けられない。そうした対応は、未知の土地に悪い種子を播くようなものである。もしＩＯＣ事務局にドイツ人かオーストリア人がいたら、問題は厄介なことになっていたろうが、さいわいにもそのようなことはなかった。そのおかげで、ＩＯＣの総会を何度か棚上げにするだけで、事なきを得たのである。時間をおけば熟考することができる。性急な結論によって未来を先取りしようとすると、無益な失敗があるのみ。わたしはベルギーとフランスの委員の了解のもとに、Ｔｈ・Ａ・クックによる要請を退けたが、それが理由でかれは辞任した。

このふたつの問題が片づくや、別のふたつの問題が生じたのであるが、これらについては迅速に処理すべきであるとわたしには思われた。ＩＯＣの本部の場所は確定していなかった。わたしの主たる住居があるからパリにあるのだろうと思われていた。しかし、創立時の規程の定めるところを見ると、ＩＯＣ本部は四年ごとに次回の大会開催国に移転することになっている。この「公定力」は、あきらかに空文化しているが、しかしそれでもなお、ベルリンがいきなりこの条文の実行を要求することも可能なのだ。また、現在のヨーロッパの情勢下においては、オリンピズムには行政面における安定性が不可欠となっている。

われわれは、すでにこのことについてＩＯＣで話してきているのだが、わが委員たちは、わたしの意図に対して心から賛意を表するようには見えなかった。諸状況の深刻さを前に、影響の及ぶ範囲を考えた上で、わたしはこれ以上の反対を受けつけないことにして、一九一五年四月十日、ローザンヌ市役所の会議室において、この市に復活したオリンピズムの行政的な中心とアーカイブの施設を設置する旨の署名を交わしたのである。スイスの委員のド・ブロネー氏がわたしを援助してくれた。監督官のマイユフェールと市議会議員たちが、市の名前においてこの寄託を受けた。当時、ヴォー県参事員としてこの重要な行事に列席したモタ氏は、現在ではスイス連邦の大統領となっているが、連邦議会の名のもとに祝電を送って激励してくれたものである。

わたしがその次に動かなければならなかったことは、次回の第七回オリンピック大会（一九二〇年）の開催であった。パリで一九一四年六月に開催されたＩＯＣ総会で、そのことはすでに検討されていた。ブダペストとアントワープが、立候補に名乗り出た。後者は代表を送り込んで、立派な装丁をもつすばらしい印刷物を配布し、たくみな説得を行うのだった。しかし、決定には時期尚早であった。事前調査の結果を見ると、支持の声は相半ばし、ややブダペストが優勢といったところである。

その一方、一九一四年十月、フランスの首都がボルドーに移転した直後のことであるが、わたしは政府の委嘱を受けて、フランス全土を駆け巡ることとなり、たびたびリヨンに立ち寄ることとなった。そこではエリオ氏が、現在建てつつある壮大な競技場をわたしに見せてくれた。かれはリヨン市が一九二〇年なり一九二四年なりの大会開催都市に立候補した場合の可能性を打診してきたが、わたしは慎重に明言を避けた。

翌年のことになるが、わたしは第七回オリンピック大会を開催せんとする全都市に対して、もしアントワープが現時点でも候補の意思を有しているようであれば、アントワープのために立候補を取り下げ、立候補を一九二四年にまで延期する旨の念書への署名を求めた。念書には、リヨン市長とベルギーのダッシェ伯爵の署名があった。しばらくして、バイエ伯爵からベルギーオリンピック委員会名での賛意を確認した旨の滔々たる書状を受け取った。わたしは、一九一六年の延期を防ぐのに手をつくす一方で、一九二〇年の、さらには一九二四年の大会は、異なった土壌の上で仕切り直すのが好ましいとも思っていた。アントワープとリヨンの予定に対して満足していない理由はそこにあったが、ほどなくして、わたしはアメリカからいくつかの申し入れを聞くことになった。

しかし、それはアメリカ合衆国からではなかった。サリヴァンは急逝したばかりのところだった。それから、少なからぬ驚くべき提案がつづくのであった。かの地ではＩＯＣの威光はなかなかのもので、サンフランシスコ万国博覧会では特別の敬意をもって「IOCデイ」という催しが開かれた。アメリカの博覧会では、ある国なり機関団体なりに捧げる日を設ける習わしがあるのである。主催者のひとりは、一九一二年のストックホルム大会を見て、そこにオリンピズムの高い理念を見出した。とりわけ近代五種競技が、その主催者を熱狂させたのであった。一九一五年にオリンピック大会をサンフランシスコで挙行することができないのなら、せめてはIOCの後援のもとに五種競技の大会を開くことはできまいか、とかれは聞いてきた。アリソン・アーマー委員が、そのことをわれわれに説明する任を託された。かくて一九一五年三月十八日、万国博覧会場に五輪旗はひるがえり、また万国博覧会の会長が会場の大きな前庭においていかにも大仰な演説をぶったうえで、メダルの交換が行われた。

すこしあとにキューバが参入した。いまや第六回のオリンピアードは、古代のやり方にならい、大会は挙行せずに、それも一回として換算するという考え方が、次第に受け入れられるようになってきた。そうすると、一九二〇年のうえに熱い目が向けられるようになった。アトランタ、クリーヴランド、フィラデルフィアが、途方もない公約を持ち出してきた。ハヴァナは委員会が設立されたものの、その後に待ち受ける困難を自覚して、やや積極性を欠いていたが、それでも共和国大統領メノカルをも含む公権力の支持を得られることは確信していた。

計画の成否はともかくとしても、それは南米攻略に役立ったのであった。当時わたしが関わっていた宣伝部門がわたしにとって貴重な支えを提供した。その一方で、われわれは南米で多くの幻滅も味わわされた。アルゼンチンの委員たちは、なんら動こうともしなかったばかりか、あるときは全面的な無理解を示すかと思うと、またあるときは極端かつたいへん不愉快な感情にかられてIOCからの独立をほのめかしたりするのだった。また、チリのクラブなどに至っては、政府からの推薦を受けて選ばれたIOC委員のガルシア教授の生活に圧迫を加えるようなことがあったし、またストックホルム大会においてチリの軍人代表がＩＯＣにたいして公正さを欠く振舞をしたことや、その後、ブエノスアイレスにおいて独自の「オリンピアード」を立ちあげようとしたことなどは申し上げておくべきだろう。ブラジルは、スポーツの組織化は立ちおくれていたものの、現在ベルンで大臣を務めている、かつてのサッカーチームのキャプテン、デ・リオ・ブランコ氏という信頼できる献身的な協力者がいたのである。わたしは一九一六年に、パリに暫定的な委員会を置くことができたが、そこではサルヴァドール総領事のデ・マテウ氏が中心となって、もっとも活発な広報活動が行われたのであった。「オリンピスモとはなにか？」と題するスペイン語のイラスト入りパンフレットが南米諸国に広く配布され、それがデ・ビラメホル侯爵の熱意と寄付によって新たな生命を吹き込まれたスペインの委員会の活動と重なり合った。また、わたしは一九一六年にマドリードでＩＯＣの会議を主催する機会に恵まれたが、そこでオリンピズムを紹介するパンフレットを配布して、宣伝にこれつとめた。サンフランシスコでは、ＩＯＣに過分なほどの敬意が払われていたが、そのより直接的な反映がフィリピンで見られるようになった。アメリカは植民地化した当初から、この地へのスポーツの移植に専心したのであった。すでに戦前から、わたしはマニラに本部がある極東体育協会と関わりがあったが、一九一五年時点での会長は上海の伍廷芳《ウティンファン》博士で、かれの周囲をアメリカのすぐれたブレインたちが取り巻いていた。ＹＭＣＡのすぐれた人材の支援もあって、かれらの仕事はめざましい成果をもたらした。ＩＯＣの威光はかれらのもとにまで届き、ＩＯＣ支援のもとにかれらの「極東体育大会」開催が切望されるまでに育ったのであった。これは中国と日本とシャムのスポーツ界の刷新を呼び覚まし、またその上でスポーツ愛好家人口を増大させるものと思われた。アメリカ人は将来を予測するにあたって厳密な数学的根拠を求めるのが常であるが、そうした根拠に頼ることなしでも、われわれはかれらを信頼しうるものと見なせそうであった。かれらは「オリンピック幼稚園を設立しました」と書いてよこした。まさに、われわれが考えたとおりである。一方で失うものがあれば、他方で得られるものがある。わたしが『オリンピック評論』誌最終号に次のように書いたことは正しかった。いつかヨーロッパで挙行されるべきオリンピック大会が戦争で開催できなくなることもあり得ようが、次の大会は開催されるであろう。また、若者がその手から暫時オリンピックの聖火を落としてしまうこともあり得ようが、世界の他の側においてはそれを高々と掲げる若者が見出されるであろう。

『オリンピック評論』誌は、戦争という暴風雨の最初の犠牲となった。最終号は一九一四年の七月号であった。継続は不可能であった。実のところ、わたしはその年の十二月には勇退して、以後は仲間の委員たちの編集により、その代わりとなる、より専門的な内容の三カ国語の会報《ブレティン》を出すことを決心していた。有終の美として、『オリンピック評論』誌はその使命を達成したのであり、わたし自身としては、わたしの歴史研究の仕事に時間を宛てたいと考えていた。しかし、七月から十二月にかけて、これまでの会議資料と議事録を出版して、これまでの事情を明らかにしておくはずであった。しかし、首尾は散々であった。ベルギーのヘントで印刷はされたものの、戦乱の中で数多くのコレクションは烏有に帰してしまった。

戦争の間に亡くなったのは、ブルネッタ・ドゥッソー伯爵（訳註：実際の逝去は休戦直後の一九一九年一月）、開戦数週間後に前線で落命したフォン・フェニンゲン男爵、そしてエヴァート・ウェンデルである。それから辞任したA・バリッフ氏の代わりにド・ポリニャック侯爵が就任した。一九一八年の休戦の直前に、北米と南米から三人の委員が選ばれた。バルトー・ウィークス、ドルン・イ・デ・アルシュアそしてP・J・マテゥである。結局、一九一七年で任期切れとなるわたし自身の諸権限は、一九一六年一月一日以降、代理人となるド・ブロネー氏によって引き継がれることとなった。休戦調印に至るまでは、総会も分科会も開けないという縮減されたものであったとはいえ、わたしの公的な職責について代行することを買って出てくれたのである。そのおかげで、IOCの全機能は、すくなくとも継続はしていたのであった。

17

第七回アントワープ大会（一九二〇年）

休戦条約が調印されるとともにわたしが専心することになったのは、委員のうちでも「指導的な」人物でもう一度集まろうということであった。この総会はローザンヌで開催することが重要で、ここは戦時中、オリンピズムの常設の行政的中心となっていたし、今後ともそうあるべきである。一九一九年春には、オリンピック復興二十五周年を祝おうとしている。たまたま二十五周年であるということが、総会に重要性を加えるわけではないが、それでも、そこには節目としての性格を見出すことができる。スイスの公的機関も、この考え方に同意した。ギュスターヴ・アドール氏は、――世界的な名声をほしいままにするばかりか、傷病兵看護に関する貢献に対して第一次世界大戦交戦諸国から感謝を受けたような人物で、固辞するところを周囲に推されて――連邦大統領に選出されたばかりであったが、かれはすぐにも、開会式の司会役となることを引き受けた。長引く冬の厳しさのさなかのことであったが、それは望ましい荘重さをもって行われた。ローザンヌの仲間たちは、根気よく献身的なメッセルリ博士の指揮のもとに、われわれの総会に輝かしくも多様な枠組を与えた。討議はおだやかに進んだが、それはあたかも、友人同士の再会の場にふさわしく、またオリンピックの基盤の強固なることを確認させるかのごとくであった。しかし、この会合の外においては、動揺が猖獗をきわめた。パリにその中心があった。信じがたいことであるが、邪険な反対やら信義にもとるいろいろなやり口が、アントワープに対して仕掛けられた。かかる時にあたって必要な行為といえば、それは第七回オリンピック大会の開催地としてアントワープが望ましいとはっきりさせることであったろう。他に比肩できる候補地があったろうか？　あえて正論を申し上げれば、世界の良識はアントワープを熱烈に支持することはあきらかである。ベルギーは、すくなくともこの会合に関心を寄せ、王政府は大会開催都市となることによって生ずる責務について認識したうえで、それを受け入れる用意があることを表明したのだった。

バイエ・ラトゥール伯爵は、アルベール王や大臣たちに根回しをするだけにはとどまらなかった。かれは、持ち前の現実をふまえた理想主義によってさまざまな可能性を吟味し、実現にこぎ着けるのであった。その過程には、さぞかしかれを意気阻喪させるものもあったろうが、イギリスのラファン師の励ましに力を得て、アントワープに関する約束事は、すべて締切りどおりに行うこととした。そして、それはすべて実行された。

キューバは、少しずつ前面から消えていった。ベルギーの立候補に対して、他は持ちこたえることができなかった。しかし、ひとつの難問が控えていた。それは、当時まだ「中央同盟国」と称されていた国々の参加問題である。すなわち、最後のドイツ兵がベルギーの地を撤退し、前線で最後の砲弾の音が鳴りひびいてから、わずか数か月しか経っていない。良識の示すところ、ドイツの選手団が一九二四年以前にオリンピックの競技場に登場するのは、無分別のそしりを免れない。とはいえ、ここで仰々しくある種の陶片追放《オストラキスモス》のたぐいを行うとなると、血まみれの戦争を経てきたばかりのヨーロッパにおいて、これまで持ちこたえてきたこのオリンピックという体制の中に、ひとつの裂け目を生じさせることになる。そして、これは結果として、よからぬ前例を招きかねない。しかし、解決はたいへん容易であった。一八九六年以来の規定によれば、大会開催ごとに、その大会の組織委員会が参加諸国に招待状を送ることになっている。したがって、招待状の送り主は全体的な根本原理と抵触することなく、じかに行動を取ることができるのである。したがって、ＩＯＣは、ことさらに新たな決定をするまでもなかった。とはいえ、われわれの多くの意見とは異なった妥協案が採択された。招待されるべき国々を列挙するにあたって、ＩＯＣに代表を出していないところはそれを理由に数え上げなくてもよいというのである。これは二重性を見落としている。というのも、ドイツを「死んだ」扱いと見なして、そのうえ委員からも辞任させるとなると、そこに大きな空隙が生じるが、一方、二重帝国のハンガリーは「死んだ」扱いにもならなければ辞任もしないことになるからである。

一九一九年の総会の最中に、ローザンヌ民間飛行学校の招きによって、ナンシーから十四機のフランスの軍用機が到来した。フランスの首相兼軍事大臣のわたし宛の書状からは、この飛行小隊をスイス連邦政府の承諾を得て派遣したのは「オリンピック復活二十五周年にちなんで」のことであり、また同時にクレマンソー首相がＩＯＣとその事業に対して「高い評価」を与えていることが見て取れた。このおかげをもって、不平分子の口が封ぜられたのであるが、そうは言っても、以後も抗議の声だの、いろいろな形を取って現われる意地悪な見解の表明は長々と続けられたのであった。かれらは何を求めていたのだろうか？　とくにこれといったものはない。新聞各紙は、かれらの不満のよって来たるところを公にすることを促すようにしてかれらを支持していたが、しまいにはだんまりを決め込むようになり、一転してフランス参加の段取りをつけるようになってしまった。

　アントワープでは、われらが委員たちの指導的な《ディレクトリアル》――また往々にして専制的《ディクタトリアル》でもあった――活動がめざましかった。すべてが作り出されねばならなかったし、すべては作り出された。確かに、戦前、はじめて開催都市として立候補するに際してＩＯＣに示された当初案ほどの規模の大きさや豪華さは見られなかったものの、申し分のない秩序と節度をもった流儀で、優雅で輝かしい感覚を有していた。参加者の数やその質についての懸念は、ほどなく解消した。当時、もっともひろく論じられた懸念は、あまりにも多くの選手たちが容赦もなく死去してしまったことと生き残った者の練習不足であった。この点で、パリで一九一九年春に開催された「連合国間競技大会《インターアライド・ゲームス》」はたいへん有益であった。スポンサーとなったアメリカのパーシング将軍が、ヴァンセンヌ近くにこの大会のために競技場を建て、以後、ここはかれの名を冠した競技場となっている。当時フランスには、動員は解除されたものの、何らかの理由からただちに故国に復員できない、いろいろな国の召集兵が数多く滞在していたが、この競技大会の目的は、かれらに健康で快適な方法で時を過ごさせるところにあった。さる筋の中には、当然のごとく、これを「軍人オリンピック」と呼んでみたり、これが通常のオリンピックに代わるものとしてその一年前に開催されるのだとほのめかすなどして世論を惑わそうとする動きがあった。いずれにせよ、問題は大会を何回目と数えるかということと四年周期で行うところにあった。わたしの眼前には、J・J・ジュセランドが自分の行動指針について説明した手紙があり（当時、アメリカのウィルソン大統領はパリに滞在していた）、それによってわたしは、アメリカがこの競技大会に対して「オリンピック」ないし「オリンピアード」という言葉を用いることを許容すべきではないと考えていることの確証を得た。「連合国間競技大会」が明らかにしたのは、けだし予期されていたごとく、筋肉の価値とスポーツのもつ「勢い」は、まったく衰退していないことであった。

第七回オリンピック大会は、一九二〇年八月十四日、壮麗に開幕した。臨席するベルギー国王夫妻にはブラバン侯爵、シャルル皇太子とマリー・ジョゼ皇太子妃が付き添われていた。入場行進、規矩正しい開会式、コーラス、放鳩、祝砲……これらすべてによる格調高い式典は、スットクホルム大会以来はじめられた教育的な価値の把握とともに、激動期の直後にあってもオリンピズムというものが元のままの状態にあることを強調するものであり、若者の精神の中にあるすべての際立ったスポーツ的な大志に対して栄冠を与えることによりこれを賞し続けようとするものであった。その夜、国王夫妻は宮殿において、もっぱら国際オリンピック委員会に敬意を表した晩餐会を開催し、それに次いで王夫妻がブリュッセルに向けて出発した後に、たいへん輝かしい歓迎会が行われた。その場にも居合わせたメルシエル枢機卿が、その朝、大聖堂において宗教的な儀式を仕切ったのであるが、それは一九一二年のものとは異なった形式によるものであった。このことについて、わたしにはこれまで、みずからの思うところを公にする機会がなかった。ストックホルムの場合と同様に、競技場で大会開始前に公開の礼拝を行うとなると、結果として選手たちに礼拝への参加を強制することになるが、それでは世間ずれした連中にとっては有難迷惑かもしれない。そこで競技の場とは離れ、教会の中で式典を行うこととするが、オリンピック大会の祝賀にあたって、それを特定の宗教と結びつけることをしないのは、他のあらゆる人倫をつかさどる大きな力と結びつけないのと同断である。それでもなお、あらゆる宗派の上に立った、十分に中立的な形態の儀式は必要であろう。ミサは行わず、祭壇に聖職者が立つこともない。「深き淵より《デ・プロフンディス》」を過去四年間に亡くなられた人々への讃歌とし、「神よ讃えられよ《テ・デウム》」を勝利と希望への讃歌とする。そうして世俗の讃歌とでも申すべきか、そこに素晴らしい音楽の演奏も加えるのである。さらに思想の自由を喚起する演説が加えられるとよいだろう。この常ならぬプログラムは、すぐにもメルシエル枢機卿の心を惹きつけた。今回の儀式に関しては、オリンピックに関係する物故者のリストがおそろしいほどに延々とつづくという悲劇的な事実によって、特殊な崇高さを得たのであった。そうして、大聖堂で著名な高僧によって発せられた言葉とそこで奏でられた壮麗なハーモニーによって、すべての聴衆が深い印象を与えられたことをわたしは確認している。

大会期間中、市の、州の、国の行政機関も民間も軍隊も、すべてが、かれらの成功に対して熱烈な関心を示しつづけていたし、アントワープ市長のガストン・ド・シルドほど親しまれた人はいないだろう。アントワープの飾りつけは多彩な輝きを放っていた。市の中心から競技場にかけて、道はオリンピック旗で飾られていた。いたるところに五つの色の輪の旗と「より早く、より高く、より強く」の標語が見受けられた。数多くの祝祭は成功をおさめ、スコットランドの兵隊たちのバグパイプの音色が、そこに趣のある印象を与えていた。

IOCの最古参になるバルク将軍、スローン教授、ラファン師、グート・ヤルコウスキー博士、G・ド・ブロネー男爵、ド・トゥイル男爵、ド・ローセン伯爵といった面々は、かつてと同様に一つの理念のもとに結びつき、またかれらの周囲には成長しつつある小集団を形成する数多くの人々がいて、かれらのあとを受け継いで、松明を次代に引き継いでいくであろう。日本、インド、南アフリカ、ブラジルなど、遠方からの委員たちもいた。アイルランド、ポーランドなどの解放された国々からの不確定な仲間たちもいて……かれらはみずから委員として立候補を願い出るのであった。ロサンゼルス市の代表は、将来の開催都市となるべく使命を帯びていたし、かつてはオリンピズムをしばしば無視さえしていたＹＭＣＡの代表者たちも、現在ではオリンピズムの輝くばかりの影響力に惹きつけられている。その中の熱意ある一人、エルウッド・ブラウンは、それからの何年間かというもの、オリンピックの教養の熱烈な伝道師として東洋から極東にかけて巡回して回ったのであった。

さて、一九二四年の大会はどこで開催されるのだろうか？　この話題は絶えることがなかった。じっさい、スポーツ界のリーダーたちの間には、明らかなまとまりのなさがみなぎっていた。かれらは多くを欲したが、何を求めるべきかが分からなかった……改革か、革新か、それとも変革なのか。ＩＯＣの総会の開会式に王の臨席を賜わった折に、王に向けて行ったスピーチの中で、わたしは、将来の展望は民主主義的な展開の中に求められるべきことを示唆した。王は、相手に自分の考えていることを遠慮なく語らせるような雰囲気を持った人であった。しかし、そのための状況如何ということについては、まだうまく示すことはできなかった。これは拙速を求めない方が賢明である。わたしは決定を先延ばしにすべきことを示唆するとともに、一九二一年にローザンヌで会議を招集することを提案した。ここでは、一九一四年にパリで採択された技術面における決定事項を、新たな状況に応じて改訂するために開催するので、今回は、国際競技連盟の代表とともに、各国のオリンピック委員会の代表も招待されるべきであろう。また、この会議と併行して、民衆のためのスポーツを組織するための方法を検討するために、わたしは教育と社会福祉の領域にかかる第二の会議を準備した。これは、わたしが一九〇六年にフランスで立ち上げた運動であるが、今回はＩＯＣの庇護のもと、それに世界的な性格を与えようというわけである。

ＩＯＣは承諾を表明した。しかし、会議の雰囲気のなかには、今後採られるべき方向性に対する若干の懐疑と躊躇とが秘められていた。わたしは、会議では決定に至らず、わたしに一任ということになればよいな、と漠然と考えていた。次回大会開催地決定の延期は必至であったし、この時点でパリの立候補がうまくいかないであろうことも確実であった。ある種の不機嫌がフランスの間に持続し、かれらのチームは馬術競技チームでさえ、人気とはほど遠かった。ＩＯＣのなかでは「中立」の意見が優勢を占めていたが、パリはかれらに対して、戦争の記憶を呼び起こそうとしているにちがいないと思われた。その一方で、フランスの競技諸連盟は大会開催地たるべきことを声高に叫び、あまつさえ「オリンピック大会がいかに組織さるべきかをお見せいたしましょう」というのである。そして、かなり多くの外国の連盟は、親切にもこの言明に対して耳を傾けるのであった。報道のうごきは、辛辣な論調でこの要求事項を強調した。わたしには、パリがそういったやり方で対応するだけの能力を有すると信ずることはまったくできなかったが、それでも、経験を積むことは悪いことではない。やり方の詳細はむしろ思いがけぬものであり、実行のための適切な時期が近づいてくるのを静観すべきだと考えて、わたしはあえて動かないことにした。

18　一九二一年の駆け引き

状況は、まずなによりも統一の確立を求めていた。そのために、こうした状況下でとくに注意深く舵を取ることのできる導き手が求められていた。危機はもはや、あれやこれやの問題に関するオリンピズムの主導権の占有といったところにはなかった。フランスのひとりの政治家とひとりのジャーナリストが、できたばかりでいまだ方向性も定まらぬ国際連盟にオリンピックを委譲させるべくキャンペーンをこころみたが、それは無駄に終わった。似たような提案がいくつかあったけれども、ほとんど受け入れられることはなかったし、それらへの対応は、ＩＯＣの議席にみずからの代表を押し込もうとするいくつかの競技連盟によるごり押しを退けるのと同様に容易なことであった。むしろ本当の危機は、オリンピックの理念が風化していくところにあった。地域大会の増加は、この種の悩ましい問題が至るところに見られるようになる危険と抱き合わせなのである。それは、いろいろなところに創設され、いずれにしても、われわれはその計画やプログラム、委員会や小委員会の開催通知などを受け取ることになったのであった。

戦争の最後の二年間は、離脱の危惧がオリンピズムを不安定なものとしていた。わたしはつねに、間接的かつ非公式な行動によって、それらの進行を食い止めていた。一時、「中立国連盟」の構想が取り沙汰されたが、それは実体をもたない単なる計画にとどまった。ドイツ側の「交戦国連盟」もまた、宙に描いた観念にすぎなかったが、今日もしそれを実現したとしても、それは束の間のものにとどまったであろう。あるいはハンガリーやトルコなどは、ためらいながらつき合うことになったかもしれないが。一方、アイルランドやポーランド、カタルーニャ、バルカン諸国、インド、「近東」諸国においては、これらの大会を導入し、それが強固なものとなっていくと、オリンピックのまとまりに亀裂を入れることになるであろう。これらすべての企画は、たしかにわれわれに承認と支援とを求めてきた。しかし、かれらはオリンピックというテーマについては未経験にすぎ、ＩＯＣの精神にも無縁であるから、国家主義だの特定の宗教だのを奨励しようという思惑に寄って立つことになりがちで、結果として運動全体の趣旨を逸脱することになってしまうのである。

わたしは一九二〇年という年が終わって、アントワープ大会をめぐる会計規程だの技術面の論争などの詳細に関わる論戦がおさまるのを静観していた。それらをもってしても、アントワープ大会全般の印象はそこなわれるものではなかった。その間に、わたしはローザンヌで開く会議の実質的な準備を行っていた。連邦政府は、各国に駐在するスイス公使や領事によって招待状が手渡されることに同意した。そのためには、前もって十分な時間的余裕をもってそれが送られている必要があった。ことに今回の招待状は、一九一四年六月のものに比して相当こみ入ったものになっていたから、なおさらのことである。パリ会議では、各国のオリンピック委員会の代表のみを招集して、それぞれの実施競技種目に関するリストを作成し、技術的条件を確定するだけであった。しかし一九二一年には、こうした問題の他にもいろいろな問題が生じており、これをひとつの会議で扱うとなると、たんに混乱を招くのみである。

「オリンピックコングレスと協議会」という名称は、十分にこの懸念を示している。実際に、会議は一九二一年の五月二十六日から六月十二日までの間で分割して行われた。まずは冬季競技の諮問協議会（五月二十六日と二十七日）、次に登山協議会（五月二十八日）、ついで馬術協議会（五月二十九日と三十日）である。そこに、ある種の連盟を超越した存在ないしは連盟間の協議会を構想するポール・ルソー氏が企画した国際競技団体会議がはさまった。これは、その場を支配する空気次第で、有害ともなれば豊饒な結果をもたらすことにもなり得るものであった。しかし、一部の人が信ずるように、わたしが原則として、それに全面的に反対するということはなかった。本来のオリンピックコングレスは六月二日から七日にかけて開催されることとなっていた。コングレスの締めくくりに想定されていたのは、文学芸術部門の評議会と「自治体当局者」の協議会である。のちに民衆スポーツを組織化し、また「古代の体操の復活」させるための最初の礎を築くことを目指したものであった。これらのことについてわたしがはじめて言及したのはパリで、一九一二年十一月のことで、それ以来わたしが気にかけつづけていたことが、再度登場したような塩梅である。

この盛り沢山なプログラムがＩＯＣで認められるや、わたしは委員たちに通達を行い、また同時にこの全文を報道機関に送りつけた。日付は一九二一年三月十七日である。そこには、一九二四年の大会ののちにわたしが会長を勇退する決意が、次のように記されていた。

「（次回大会の）諸競技を組織すべき使命をになうことになる都市の選択について、今回は特別な重要性を有している。第八回オリンピック大会は、ちょうど復興三十周年の年に当たるからである。数多くのすぐれた都市が立候補した。それらの候補都市の諸条件を勘案すると、アムステルダムがもっともすぐれているように思われる。しかし、その一方で、オリンピック大会の復興をになった人物が、自分の果たすべき役割をほぼ終えて、引退間近と判断しているときに、その出身地たるパリに対して、例外的に特別な配慮を要求する権利については、誰も異議申し立てをすることはできないであろう。かれの入念な準備により、オリンピック復活がおごそかに宣言されたのが一八九四年六月二十三日のことであった。それゆえに、忠良なる委員諸兄よ、次回会合において、この重要なる状況にかんがみ、諸兄の選択と諸兄の国益とに目をつぶって、第九回大会をアムステルダム、第八回開催地をパリとする声明をお受け入れいただきたい」

これは巧みなクーデタであった。そこにはふたつの意義があって、ひとつには来たるべきふたつのオリンピックに関するＩＯＣの決定をさまたげるものがなかったこと、いまひとつは、これまでにかかる前例が存在しなかったことである。パリに混乱が起きた。他でも同様であった。誰も、委員長からこうした過激かつ唐突な介入があろうとは、思ってもみなかったからである。ここでわたしの要求を拒絶することは、心情的に不可能であっただろう。それゆえに、最初の動揺が収まったのちは、フランスのスポーツ関係者の多くにとって習い性となっていたわれわれに対する反対は減退した。うずたかい雲は一挙に晴れ上がり、澄みきった空に太陽が輝くのであった。
一連の「オリンピックコングレスと協議会」は、好意と相互理解の雰囲気のなかで開かれ、それはその成果を十分に期待させるものであった。やっかいな性格の質問が出たり、議論が熱を帯びたりすることはあったけれども、この雰囲気は会期中継続した。第一に論じられたのは「冬季競技」の問題である。スカンディナヴィア勢は、そこに何らの価値をも認めようとはしなかった。しかしスケートは、一八九四年時点で、実施が望ましい競技のうちに含まれていた。ロンドンは一九〇八年の時点で「氷の殿堂《アイスパレス》」を有していたので、申し分のない競技を実施することができた。しかし、一九一二年のストックホルムは、然るべき施設を有しないために大会でこの競技を実施する任に堪えないと熱心に主張するのであった。とはいえ、この二十五年間で、冬のスポーツは他の多くの国に普及したばかりではなく、それがアマチュアリズムと闊達で純粋なスポーツの尊厳の性格を示すようになってきており、これらをオリンピックのプログラムから全面的に排除するとなると、オリンピックの力と価値は大いに殺がれることになるだろう。それではいったい、どうすればよいのだろうか。スカンディナヴィアの抵抗の他にも、ふたつの懸念があった。すなわち、夏の大会と同時に、同じ場所で開催するわけにはいかないのである。氷は人工で作ることができるが、雪は作ることができないし、山ともなればなおさらのことである。一九二八年のオランダに対して、山脈を古道具屋から調達してこいとか、規定どおりの山を作れなどと要求することができようか。兄弟分に当たる国との連携を取るにせよ、ある種の自律的な「連合体」を設立することが、この場合の唯一の解決法であることは明らかであるが、それでもずいぶんな不都合が生じよう。そうしたことを念頭に、わたしは専門家たちとの最初の会合を打ち切ったのであった。諮問委員会の名のもとに行われたA・メグロッツ氏の報告は、じっさい、意見の衝突を和らげるものであったが、結論として、フランスがもし開催国となった場合（はっきりと決まったわけではないが、もはや事実上はそうであった）、一九二四年は、シャモニーが「冬のスポーツ週間」

をＩＯＣの後ろ盾のもとに開催する権利を持つことになるけれども、それは「オリンピック大会の一部となるものではない」この最後の一文は、のちに撤回されることになった。「冬の大会」は、スカンディナヴィア勢の意に反して創設された。さしものスカンディナヴィア勢とても、スイスやカナダの果たす役割を見るに及んで、長年にわたって主張してきた競技の独占はもはやできないものと観念し、強硬な反対を取り下げることとなったのである。

登山の協議会の報告書は、ヒマラヤ登攀への挑戦で名高いジャコー・ギャルモ博士の編纂になるものであった。登山クラブの出席者はわずかなもので、かれらは原則には賛意を示したものの、あまり乗り気であるようには見えなかった。たしかに、競技の性格からして、成果の順位づけはむずかしいし、大会によっては賞を与えるべき対象がなかったり、二人の同意者を表彰しなくてはならなかったりということもあるが、それぞれの登山クラブにタイトルを競うべき候補者の推薦を依頼することであれば、まったく実施できないということはない。一九二四年のシャモニーでは、エヴェレストへの挑戦を忍耐と勇気の領域における高みを示すものと見ることについて、ためらうことはなかった。しかし一九二八年以降は、この登山への表彰は断念しなければならなかった。結果としてそうなってしまったが、すでに申し上げたように、このことはたいへん大きなあやまちであった。

馬術競技の協議会は、各国の陸軍大臣宛の特別の招待状によって招請した。この協議会は馬術に関する諮問委員会であって、問題が発生した場合に、ＩＯＣの委員なりあるいは会議の参加者なりが、おのおのの得意な領分でそれに対処する使命を有していたことを見落としてはならない。すでに申し上げたように、第五回オリンピック大会（ストックホルム一九一二年）における馬術競技は、ローセン伯爵の熱意ある尽力のおかげで、いかにも輝かしいものとなったのであるが、それはもっぱら軍事的な性格をまとっていた。それはたしかに避けがたいことであった。騎馬猟だのポロだのといった、金がかかりすぎるために百万長者たちの仲間うちでしか実施されるとのない種目を別にすると、民間における馬術は軍隊における馬術に比して見る影もないからである。

いくつかの牧畜の盛んな国や馬を輸送手段に用いる植民地諸国、あるいはカリフォルニアのような長い伝統をもつような地域ならばともかく、それら以外では、馬のスポーツには、つねに組織化の困難というハンディがあり、公権力の援助による啓発や創意工夫による調整を必要とする。しかし、この種の援助というものは、適切な規模や方法で行われたためしはない。この問題について論じはじめると長くなるので、ここで概要をかいつまんで検証することは、わたしにはできかねる。二十五年以上にわたって、記事やさまざまな手段による提言によって、たえず同じことの主張を行ってきた。すなわち「馬に乗ったことのない」、みずから馬を所有することのない人々の間に馬術を普及させることである。わたしは、「荒馬の騎手」セオドア・ルーズヴェルトから洗練された騎乗者たるモーリス・ド・コッセ-ブリザック伯爵に至る人々から絶えることなく支持を受けてきたのであるが、いざ実現しようという段になると、あたかも階級的特権の放棄や封建制下の既得権の断念を必要とするかのように考えられるのか、無意識的な反感というやつが頭をもたげてくるのであった。……わたしがいまでも思い出すのは、一九一二年のストックホルムにおける馬術競技にかかわる宴席で行ったスピーチに対する喝采のひびきである。そこには皇太子たちも大公たちも、選手団長たちも、大会に参加した一群の士官たちも列席していた。全員がわたしの意見に賛意を表したかのごとくであった。しかし、実際はそうではなかった。中世の騎士たちは、今日の後裔たちよりも、乗馬における貴族的な独占というものを考えてはいなかった。一九二一年の協議会では、イタリアのベルロッティ将軍やベルギーのヨーステン将軍も参加しており、わたしの考え方は将来の検討課題として報告書の補遺に記すにとどめざるを得なかった。オリンピックの馬術競技プログラムはかつてと同様のものとしてとどまった。名目上は暫定的なものであったが、この「暫定」は永続した。

ポール・ルソーによる超連盟組織の創設はうまくいかなかった。「国際競技連盟事務局」の維持継続をもってよしとしなければならなかったが、そこにはつつましく調停権と存続に必要な財源が認められるのみであった。わたしには、この新しい組織が主唱者の期待に応えているかどうかは分からないが、オリンピックという面からいうと、たしかにＩＯＣにはプラスになる。果たすべき範囲が拡がりすぎてしまった技術面における役割の負担を肩代わりしてもらえるからで、わたしはこの件に関する責任を負わずとも済むようになる日が来るのをつねに待ち望んでいたのであった。いずれにしても、国際競技連盟の会議は、わたしに開催を要請された初回から打ち上げの宴に至るまでの間に、ＩＯＣと競技団体との間に誤解が存在した時期が終わりを迎えたことを示したのである。

本来のオリンピックコングレスは、わたしの権限でもって、スウェーデンの委員であるＪ・Ｓ・エドストレームを議長として指名した。会議はめまぐるしく、時に騒然とした。エドストレームはいつものように献身的で、たくみに知性を用い、……さらには専制的な辣腕をもふるったのであるが、これは、わたしがしばしば専制的だと非難されたことと思いあわせると、微笑を誘われるのである。会議の雰囲気は、ヴォー州の穏やかな環境にもかかわらず、一九一四年の会議の時とはたいへん異なったものとなった。たしかに、先の大戦の記憶は、まだ鮮やかに感じられるのであった。ナショナリズムが、ささいなきっかけで炎上したし、一九一四年の会議では恒久的なオリンピック憲章を制定すべく集まったのであったが、今回の会議では不安定な想念が場を支配した。開会早々にも、一九二一年の決定事項を改訂するために新たに招集されるべき一九二五年のコングレスのことが取り沙汰されるのであった。周囲の状況によってある程度は斟酌されるにしても、明らかにおかしい心理の状態である。コングレスがはじまるや、次なるオリンピックの開催地が議論された。六月二日に開催された最初の総会で、ＩＯＣはわたしの希望を容れ、パリとアムステルダムで第八回および第九回のオリンピックを挙行することを決定した。

この投票は、グート・ヤルコウスキーの提議をバイエ・ラトゥールとポリニャックが支持することにより行われた。手続上の瑕疵に異議申し立てがあって再投票が行われたが、二大会を同時に決定することについては、同じ結論が得られた。投票者の選択の自由をそこなわせないために、わたしみずからは棄権したが、実際には、アムステルダムにとって残念な結果となった。アムステルダムは、持ち前のスポーツ精神と国際的な同志愛から、かつてアントワープのために立候補を取り下げたのであるが、今回もまた、先に申し上げたような事情から、一九二四年はパリのために、長い間待ち望み、また正当な手続を経て要求された機会を見送ったのである。パリについては、皆の意見が一致した。アムステルダムについては、コングレスが近づくとともにイタリアが不服を表明したりアメリカの焦燥があらわになったりということがなければ、同様の結果になっていたであろう。ローマは、一九二四年の大会の扱いを見るに及んで一九二八年の大会を招致できるのではないかと思い至ったのであり、またロサンゼルスは、早くても一九三二年の開催を見込まれていたが、それでは待ちきれないという大西洋対岸の意見に押されて開催を早めたいと判断したのであった。大西洋をはさんだ両岸で、新聞はいろいろと書き立てたが、三月十七日付のわたしの手紙の公表後のことであったから、さして効果を上げることはなかったのであった。イタリアの不穏な動きが数日のうちに目に余るものにまでなったので、技術教育省次官のガストン・ヴィダル氏は、ローザンヌの会議におけるフランスオリンピック委員会の代表をみずから買って出なければならないかと判断したほどである。委員のモントゥは、当惑のあまり、投票後に委員を辞任する腹を決めたのであった。アメリカの代表たちはといえば、一種のいちゃもんをつけてきたわけであるが、どのように意見を表明すべきかをわきまえていなかったので、有効な主張とはならなかった。

一九〇一年と一九〇五年の総会における（一九〇四年の大会開催地をシカゴからセントルイスに移し、一九〇八年の大会をローマからロンドンに移した）前例から、ＩＯＣでは立候補地がすでに大会組織委員会を確立していることやしっかりとした財源の裏づけがあることを考慮することを決めていた。ストックホルムも、ベルリンもアントワープもその条件を満たしていたし、アムステルダムも同様であったが、一方ローマはと言うと、今回はいっさいの裏づけがない。委員会もなければ、裏づけとなる基金もなかったのである。すでに申し上げてきたような諸事情に加え、戦争に起因する諸事不安定な時期に引き返せないような形で勇退を目前に控えたわたしとしては、近い将来のわたしの後継者に――それが誰であろうと――引き継ぎが順調に行くように、組織の安定性を築くことが気がかりであった。

この目的に加え、遠方への旅行の予定を理由として、わたしはIOCに執行委員会の創設を認めたが、これは「事務局」の拡大版にほかならなかった。実態が先行しているものを正式に認知したのである。委員会は一九二一年十月一日から始動することとなり、役員はド・ブロネー氏、グート・ヤルコウスキー、ド・バイエ・ラトゥール、エドストレームとド・ポリニャックであった。

ローザンヌでは、数多くの土台が据えつけられた。「番狂わせ」は最小であったが、いささか不得要領の気配もあった。実際の組織は素晴らしいものとなったが、これは地方自治体の協力と一九一一年の建築家コンクール優勝者であるわが友人ウジェーヌ・モノのおかげによるものであった。かくて、第八回オリンピック大会を「これまでに開催された、もっとも美しく、もっとも完璧なもの」とするために、これから三年の時間があった。これは主宰者側としての抱負であり、かれらはそのねらいを完璧に成就させることに、たいへん大きな期待を抱いていた。

19 ひとつのスタジアムをめぐる六つの監督官庁（一九二三年）

かれらの希望は失望からはじまった。こんなユーモラスなタイトルでロベール・ド・ジュヴェネル氏は『ウーブル（Œuvre）』誌巻頭の記事を書いたが、この言い方はオリンピックという事業の不安定な性格をよく示している。じっさい、ほどなくしてオリンピックは、官僚制という六つの頭をもつ水蛇《ヒドラ》の餌食となってしまった。パリ市議会に加え、内務省、外務省、軍事省、公共教育省が、当然のごとく介入してきたのである。フランスオリンピック委員会がスタジアム建設のための場所の認可を得ようとして農業省と交渉をはじめるや、六つ目の官庁の介入を招いてしまった。一九二一年六月二十七日、ローザンヌの会議を終えた直後のことであるが、ジャン・ド・カステラーヌ伯爵がパリ市議会に対して、大会に関する明快この上もなく簡潔な提言を行った。ここからはじまって、関係者の個人的な利害だの団体の縄張だのの思惑に左右されることがなければ、大会の準備は、すぐにも理想的な方向に進んだことであろう。しかし、そうはいかなかった。この件に関する最初の公文書は、一九二二年三月十一日の市議会の議事録として三月十二日付の市議会公報に確認することができるが、それを見ると八か月の間に途方もない騒動があって、単純きわまる問題が似てもつかない複雑なものに作り替えられてしまっていたことが了解されるのである。カステラーヌ氏が言うように、約八万人の観客を収容できる競技場や水上競技のための場所と約一万五千席をもつ格闘技会場が必要と見込まれた。さらに、道路拡張だの交通機関の整備だのを考える必要もあったし、その他の必要経費の総額を見積もる必要もあった。その上で、フランスオリンピック委員会がみずからの裁量で利用できる基金を設置して、そこに国と市の代表によって構成される管理委員会を加えることで予算執行の適正を期すれば十分であろう。国会は、この件について可決する用意ができていた。市議会もまた同様であった――もしこの機会に乗じて既得権が生じるおそれがないとしたならば。パリを知る者であれば――その各区や行政機構、そのお役所の仕事ぶりや郊外の状況を知る者であればだれでも容易に御納得いただけようが、何らかの建造物を計画する場合、それが期間限定のものか恒久的な構築物であるかによって、事情は大いに異なってくるのである。後者の場合、私利私欲とまでは言わないが、利害関係の対立がはなはだしいものとなってしまい、出発点の展望も到達すべき目標も見失われてしまうのだ。

これが、この時点において問題となった状況である。一九二一年の十二月から一九二二年の四月にかけて混乱は悪化の一途をたどり、三月半ばともなると、フランスオリンピック委員会はその果たすべき業務を放棄すべきかどうかの選択を迫られるまでに至った。われわれＩＯＣとしても、かかる事態への対策はあった。紛糾の度合が想定の範囲内にとどまらなかったにしても、わたしが生まれ、六十年以上も過ごした都市であってみれば、あらためて用心する必要がない程度には心得たものである。その上、わたしとロサンゼルスとの間には暗黙の了解があった。アメリカの新委員のひとりＷ・Ｍ・ガーランドはロサンゼルス在住で、地元での影響力も大きい。かの地でのオリンピック開催の見込みがあるとみるや、巨大な競技場の建設がはじめられ、それがまもなく竣工しようというところであった。そこで一九二三年にプレ・オリンピック大会の開催が準備されていて、いざとなったらその開催を一九二四年に延期して、それをもって正式の国際オリンピック大会にしてしまえばよろしい。そんなわけで、わたしはパリで起こっている事柄に関しては高見の見物を決め込むことができたのであり、それらには我関せず焉で、増加するインタヴューの機会にも、平然と回答することを得た。フランスオリンピック委員会会長のクラリー伯爵とかれに献身的に仕える事務局長のフランツ・レシェルは、この間の事情を細大もらさずわたしのところに報告していた。かれらからの一連の手紙は、たいへん役に立った。ある日、セーヌ県知事が市議会において、わたしが当時外務大臣であったポワンカレに宛てた私信の一節を披露した。オルセーの外務省からパリ市役所に至るまで、受取人の知らぬ間にいかなる経路をたどって移動したのかについては、ついにつまびらかにすることはできなかった。市議会は、紛糾の度を加えた。「ソコルのマスゲームでも呼んでくれれば、オリンピックのメインアトラクションになるだろう」などと主張する市会議員も出てくる始末である。

沈みかけた船を救い出したのは政府であった。当時の共和国大統領のミルラン氏は、大会に大きな関心をもち、あまつさえフランスオリンピック委員会に立候補することを勧めた手前もあって、フランスの首都のかかるていたらくを許しておくわけにはいかなかった。首相のポワンカレ氏は、残念なことに政治的な課題が山積していたおかげで、この問題について十分な対応はできなかった。しかし、かれの言葉は、動きはじめているこの事業に関してかれが認める重要性を深く印象づけるものであった。結局、事業はいささかぎくしゃくとしたかたちでうごき、競技場はコロンブに建設されることに決まった。もしわたしが決定すべき立場であったら、これらの場所は選択の対象とはならなかったであろう。パリ全体を見渡すと、ずっと便利な場所があったからである。シャン・ド・マルスの士官学校の前には、一八八九年の万国博覧会から勇名をはせた「機械館」の跡地が大きな空地になっていて（訳註：一九一〇年に取り壊し）、そこはおそらく将来の用途も決定済で、パリのもっとも美しい眺望を損なわないためにも、恒久的な建造物を建てるわけにはいきかねただろう。しかし、オリンピック大会の短い期間のみ活用させていただく分には、とやかく言われることはあるまい。当時、士官学校は、その大きな建物も運動場も中庭も、ほとんど用いてはいなかった。わたしは念のため、そこの立地と面積とを再度確認したが、なんともすばらしい「選手村」を建てられるではないか！　しかも、経費は著しく縮減することができる。市内電車、メトロ、河川舟運などが整っているので、輸送についての追加整備が他に比して容易である点を考慮に入れないとしても、である。どの点から考えても、この案が他のものよりも卓越しているのであるが、いかんせん、IOCには干渉したり世論に訴えたりという権限はない。わたし自身が公にこの案を推奨したが、功を奏さなかった。一九二二年春に、IOCはパリで総会を開くことになっていた。われわれが集まった時点で、危機はほとんど解決していた。通例のごとき祝祭を催すことなく、実務本位の「ビジネス・ミーティング」にしようという申し合わせに合意が得られていた。フランス委員会主催のディナー・パーティーはなく、エリゼ宮において内輪の歓迎会が行われ、グランタズ委員の招待になる心づくしに満ちた昼食会が「ジョッフル元帥のペニーシュ《はしけ》」で開かれた。それはコンコルド橋の近くに碇泊して、料理のおいしさで評判をとった船上レストランであった。ＩＯＣは、新たに多くの委員を迎えたところだった。アメリカのシェリル将軍。アルゼンチン共和国のアルベアール氏は、まもなく同国の大統領になるところであったが、われわれの隊伍に加わることを稀有の名誉とした。イギリスのケンティシュ大佐、スペインのデ・グエル男爵、アイルランドのＪ・Ｊ・キーン、ポーランドのルボミルスキ公爵、ウルグアイのギリアーニ博士。かくてＩＯＣは、四十二か国から五十四人の委員を数えることとなった。

一九二二年の総会の主たる課題は、ＩＯＣ新体制への適応と憲章の基本条項に必要とされる改訂をほどこすことであった。理事会は本会議に先行して開催され、そこではＩＯＣの権限や手続の諸規定を現状に適合させた。ＩＯＣの規約の中に導入された変更は、ローザンヌの本部に理事会を創設すること、事務局の公用語をフランス語とすること、そしてなによりも会長の任期を十年から八年に戻すことである。一九〇一年に関する記述で、この点が根本的な変更の対象となっていたことについて、わたしはまだ申し上げていなかったように思う。本来であれば、一九〇一年一月一日を以って、会長職はアメリカの委員Ｗ・Ｍ・スローンの手に引き渡されるべきであった。一八九四年に採択した規定では、任期は四年として、次回開催都市が確定してからの会長就任ということになっていた。その時点では、次回はアメリカで開催することまでは決まっていたが、シカゴでの開催はまだ本決まりとなってはいなかった。公式の招致要請はまだ行われておらず、したがって、何らかの投票も行われてはいなかった。スローンは、この状況の特異性を支持することに対して不満であった。かれは問題を一般論に切り替え、わたしに事前に知らせることもなく、ＩＯＣに対して規約変更の提案を行った。会長職の地位を安定したものとさせるために任期は十年に延長すべきであり、それのみがオリンピックという事業を力強くまた豊饒なものとする唯一の方法である、というのがかれの主張であり、その帰結として、かれはわたしの後任となることを断ったのである。この困難な時期においてという論拠に対して、わたしは的確さも力強さも感じることはなかったが、それでも委員たちの満場一致による支持により、わたしは譲歩を余儀なくされた。皮肉なことに、共和国の中でももっとも民主的な国の市民による介入が、かかる事態を生み出したのであった。わたしの会長職は、したがって一九〇七年まで延長されることになった。そのうえ、再選についで一九一七年にもあらためて再選され、わたしの任期の終了は一九二七年ということになってしまった。しかし、わたしは一九二四年の大会の後には退任する決意を固めており、われらが委員たちはわが後継者の任期を就任後二オリンピアード、すなわち八年間とするように決定していたから、大会一年後で次期大会までには三年ある一九二五年がうってつけであろう。これが理由で、この年まで会長職にとどまることをわたしは了承した。

20　ローマの都にて（一九二三年）

ローマはまた、一九〇六年の失策に対する雪辱の機をうかがっていた。ローザンヌに生じていたいくつかの小さなわだかまりも、一九二一年には跡形もなくなっていた。そこでわたしは、一九二三年の総会を、とりわけ素晴らしいものにしようと考えた。われらの委員、モントゥ大佐とグリエルミ侯爵による見返りを求めることのない尽力のおかげで、それは大成功を収めることとなった。総会は、イタリア国王と王妃の庇護のもとに開かれ、一九二三年四月七日のカピトリーノの大広間における開会式に臨席した王の周囲は、上院、下院の議長や外務省と美術省の長官、ローマ市長をはじめ、多くの賓客が取り巻いていた。総会は四月十二日に幕を閉じた。IOCの委員たちは、クイリナーレ宮殿における国王によるレセプション、グリエルミ侯爵夫妻によってロスピリオージ宮で開催された祝祭、モントゥ氏によって提供されたアヴェンティーノの丘における晩餐などの饗応を受けたが、その間、カエサルの宮殿跡地が明るく照らし出されていたのはじつに素晴らしい光景で、深遠な、感謝すべき思い出となっている。委員たちはヴァチカンを訪れ、長い謁見を経てから、教皇ピウス十一世からオリンピズムに対する歓迎と共感の念をいま一度確認することを得たのであった。委員たちはまた、イタリア観光協会とイタリアオリンピック委員会の歓待を享受した。そうして数多くの会議を通して、重要な問題の片がついたことに満足した。

次回の大会に関する多くの詳細が検討の対象となったけれども、主要な問題点はドイツとロシアの参加についてと「地域的な」大会のこと、南米に対する宣伝活動と、それからアフリカに対するスポーツの普及攻略であった。ドイツに関する問題の解決は簡単であった。ひとつには、ドイツとの関係が途切れてしまったことはなかったし、いまひとつには、ドイツのIOC委員が不在であったからである。第六回オリンピック大会（ベルリン一九一六年）を組織するための事務総長は、その職責において、一九一四年六月のパリにおいては活発な活動をしたのであるが、ローマにはIOC新委員の選任について招待されていたものの、なんらかの手違いがあって来ることはなかった。そして翌シーズンになってはじめて、レーヴァルト政務次官とO・ルペルティ氏が選ばれたのであった。ブルガリアとトルコとハンガリーの委員たちは、みずからの席に戻ってきた。すなわち、スタンシオフ氏、セリム・シッリー・ベイ、ゲザ・アンドラッシ、そしてJ・デ・ムザである。オーストリアがいまだ空席のままであったのは、立候補者がいなかったからであった。今回、IOCで合意に至った解決案は、一九二一年のローザンヌにおいて、間違って採択に至らなかったものであるが、ふたつの基本方針に基づいている。ひとつには「普遍主義」の綜合と永続を維持することであり、いまひとつは、招待状の発送についてIOCみずからは責任を有さず、それは次回大会開催国の組織者に権限を委ねるということである。

ドイツの次には、ロシアの問題が控えていた。ロシアがふたつのグループに分裂してしまったことを、われらが委員で元外交官のレオン・ウルソフ公爵から聞いて、われわれは平然としてはいられなかった。完全な自由主義者の立場から、かれが求めたことは、ソヴィエトチームと亡命ロシア人スポーツ団体チームの両者に、対等の参加資格が与えられることである。わたしがつねづね遺憾に思っているのは、かれの提案が、いったんは検討の対象となったものの「行政上の」理由によって棚上げとされてしまったことである。かれが実践にあたってどんな困難に遭遇し、またおそらくは解決不能のいろいろな問題に対してどれほど心を砕いていたかについて、わたしよりも詳しく知る者はあるまい。わたしが思うには、かれの提案を別な形で受け入れ、然るべき時節到来の折に、それに好意的なコメントを付してフランス政府に伝えたとすれば、IOC自体にとっての名誉となったことであろう。

アルメニアの場合は状況が異なっていた。移民した若者たちが協会を創設し、これに承認を求めたのである。アルメニアという国は、目下のところ希望や支持者の心の中の思い出にしか存在しないので、これを先年のボヘミアやフィンランドの場合のように「スポーツ地理学」の中に然るべき位置づけを求めるのは無理な話であった。他の国々の問題は解決した。アイルランド自由国が総会に参加するのは二回目であった。ケルト語を主とし、英語の対訳を付した書類は雅やかな古風さを有していた。ユーゴスラヴィア王国の選出は、事実ソノモノニ依リテ《イプソ・ファクト》、クロアチア問題を解決したし、また、フィリピンが開会式においてみずからの国旗のもとに行進したいという希望に対しては、アメリカ政府は鷹揚に同意した。パリ大会の前日において、ＩＯＣは四十五か国からの六十二の委員を数えた。「ローザンヌの小さな兄」は、数の上において、一時、「ジュネーヴの大きな妹」（訳註：国際連盟のこと）を上回ったのである。

戦後は数多くの計画が花開き、「地域的な」大会の創設が目論まれたが、発展性のある大きな事業にまでは成長しなかった。それは幸いなことであった。というのは、そこに何らかの本当に豊かなものを見出すことができなかったからで、それらが立ち消えになるに任せておくのが賢明であると思われたのであった。ひとり極東競技大会のみが、現在もわれわれの支援のもとに存続している。この大会は、本当の必要に応じて生まれたのである。このほかにわたしが関心を持ったのは、のちほどおはなししようと思うアフリカ競技大会と、ブラジルが独立百周年の前年（一九二二年）にあたるからといって名乗りをあげてきた南米大会である。その大会は、ＩＯＣの支援を受けたばかりではなく、ブラジル政府はわたしに招待の声をかけた上で、その大会を仕切るように申し出てきた。当初は、わたしもそれに応じる予定であったが、諸般の事情から都合がつかなくなってしまい、バイエ・ラトゥール伯爵がわたしの代わりを引き受けてくれた。

南米大陸の大部分を巡る旅程の中で、ＩＯＣの代表は、その仕事に対して最大限の歓迎をもって迎えられたばかりではない。スポーツに対する大きな志をいまだ十分に満たされることのなかったこれらの新興国の、あえて言うならば「オリンピック化」というものに、たいへん巧みなやり方で専念することができたのであった。かれは道を切り開き、困難を取り除き、扮装を平定し、やっかいな問題を解決することができたのである。リオの大会が、本当に安定したひとつの制度となって永続するかどうかはともかく、近い将来において、交通の便がよくないことにおいてヨーロッパの比でない、相互に離れた都市の間で、この種の大会が繰り返されるのを見るのは意義深いことである。中心となるところとして、たとえばメキシコでも、ハヴァナでも、サンチャゴでも、モンテヴィデオでも、ブエノスアイレスでもよいが、あるときは中米、あるときは南米で、近隣諸国の選手たちが集まれることが必要なのである。そうすれば、これもまた、マニラの極東体育大会に冠せられた「オリンピック幼稚園」という表現のすばらしい実例になるだろう。

バイエ伯爵は、この長い旅行とその間にかれが達成した成果について、ＩＯＣで説明を行った。かれの報告は満場一致の拍手で迎えられた。旅程を切り上げねばならなかったので、かれはカリフォルニアと日本に立ち寄ることはできなかった。日本では、大阪を舞台とする極東競技大会をかれが取り仕切る手筈になっていた。ロサンゼルスは、かれの到着を待ちわびていた。競技場は完成も間近になっていたし、かれの口から一九三二年の大会について確約を得ることを期待していた。第八回大会も、第九回大会も開催地はすでに決定していたからである。

一方、わたしは頑迷かもしれないが、二年前にローザンヌで大筋を決めた方針を再確認し、オリンピックを現在の水準より高めることに関わっていこうと考えていた。ロサンゼルスは、その熱意ばかりではなく、Ｗ・Ｍ・ガーランド委員のような熱心な支持者に加え、三つの切り札を有していた。ひとつには、オリンピックに対する事前の準備で、それが成功の貴重な裏づけとなっていたことである。次に、政治および社会面における安定という特権的な状況である。この一九二三年という時点において、わたしは不測の事態がおきるのではないかという脅威を感じていた。当時のスイスの新聞には「ヨーロッパはどこへ行く」というタイトルの一連の特集記事が連載されていたほどである。最後に、アメリカの若者たちがアテネ大会以来払ってきた努力と過去の大会につねに多数の参加者で輝かしい活躍を行ってきたことに対して、なんらかの感謝を示すべき時が来ているということである。

この三つに理由により、ＩＯＣの委員たちは全会一致で、第十回大会の開催地をロサンゼルスに決定することを支持したのであった。

数多くの面白い議論が展開されたが、いま、ここで触れるわけにはいかない。また、『オリンピック評論』誌の廃刊以降、年刊で総会の報告書が仮綴本として上梓されていたが、その経費負担はアルベール・グランタツ委員によるもので、このおかげをもって、総会の内容を皆で共有することができた。

まず論争の前哨戦となったのは「報酬補償」の問題が蒸し返されたことで、論議は熱を帯び、論戦は収まらなかった。ここで特筆すべきことは――委員たちを賞讃すべきことでもあるが――ＩＯＣは創設以来、いかなる状況下にあっても小さな論争にとどまり、意見交換の中にいささかの辛辣さが含まれることはあっても、それらの論争が後を引くことはなかったのである。

わたしはここで、アマチュア問題についてあらためて蒸し返すことはやめておく。それについては、以前の章で述べているからである。「報酬補償」の問題は、進歩陣営の近代主義的傾向とイギリスのスポーツの古い様式にこだわる頑迷な保守主義との宿命的な対立を明確な形で示したのであった。もはや、ラファン師のようなスポーツの理念に固執しようとする人々は誰もいなかった。一方、この偉大なイギリス人は歴史に冠する深い理解をもっており、かれ自身にしてからが、一連の社会の進化を尊重する方法を模索していたし、たんに黙殺による因習墨守という根拠薄弱な反対がむなしいわざであることは十分に心得ていたのだった。

それから、「アフリカの征服」についてお話ししなければならないが、これはわたしのオリンピックへの関与も終盤にさしかかっていた折に、なお気にかかっていた問題で、それはまた、つまるところ植民地に関わる現実的な問題提起にもつながるのであった。

カピトリウムでのＩＯＣ総会の開会にあたって、国王ヴィットーリオ・エマヌエーレに向けて行った演説に、次のようなくだりがある。「住民がいまだ初等の文化にも接することのない時代おくれの大陸に対して、スポーツを導入しようと考えることは、あるいは時期尚早と思われるかも知れませんし、それが、これらの国々における文明の歩みを加速せしめる適切な方法だと期待するのは、ひどい思い上がりと思われるかも知れません。しかし、何がアフリカ人の心を苦しめているかをよく考えてみる必要があります。生かされていない活力、個人としての怠惰と行動に対するある種の集団的欲求、白人に対する無数の遺恨と無数の羨望、そしてまた白人を模倣し、あわよくばその特権のおこぼれにあずかろうとする欲望、ひとつの規律に従う一方で、そこから逸脱しようとする矛盾した心の動き方、それなりの魅力をなす優しさの中に突如わき上がる先祖伝来の荒々しさ――これが、これらの人種のいくつかの特徴として、われわれの新しい世代の注意を惹きつけています。まさしく、これらに対してこそ、スポーツの受容は恩恵をもたらすのです。それはかれらを鍛え上げます。それはかれらに筋肉をリラックスさせるという健康的な嗜好を与え、また若干ながらも、努力を達成した活力ある存在に対して道理にかなった運命論を与えるものでもあります。スポーツは鍛錬するものであるのと同様に沈静させるものでもある。スポーツは、あくまでも手段にとどまり、目的のための目的とならない限りにおいて、それは秩序をつくり出し、思考を明晰化します。それゆえ、アフリカの参加に対して、何らためらうべきではないのです。このことについてわれわれと話し合うために、学識経験者を代表する方々をお招きしております」

じっさい、ＩＯＣの総会に合わせるようにして、諮問委員会も開催された。出席したのは、イタリアの植民地担当省の代表者に加え、アルジェリアとモロッコの代表、チュニスの摂政、総督リヨテ元帥の特命使者としてセー大佐。ポルトガルの委員ペナ・ガルシア伯爵は、自国の代表として出席した。わたしはこの会議の詳細について立ち入るつもりはない。すぐにも、この企ての成り行きがどうなったかについて述べることになるからである。いずれにせよ、それは一時的なものであったが、企画については、わたしが納得したので、のちに再び取り上げられることになる。その計画とは「アフリカ競技大会」で、二年おきにこの大きな大陸の周辺で開催される。開始するにあたって、プログラムは簡素なものとし、また、それはおのずから、ひとえに地域的な性格を有することになろう。わたしは、それが原住民のためのみに限る大会となることを望ましいと考えた。とはいえ、現地に2年以上在住している居留民も参加できるようにしてはどうかという主張も現われた。たしかに、この主張にももっともな面があるが、しかしそのおかげで出発時点から問題がややこしくなってしまった。第一回大会開催にふさわしい都市といえば、さしずめフランス領ではチュニス、ラバット、カサブランカ、ダカール、イタリア領ではトリポリ、ベンガジ、アスマラ、ベルギー領では今後のリブレヴィル、ポルトガル領ではルアンダとスマック、南アフリカではケープタウンかナイロビといったところだろうか。わたしの誤算は（ＩＯＣも同様の見解であったけれども）一九二五年にアルジェで行われるべき初の開会式は、より厳粛に、より素晴らしいものになろうと考えてしまったことで、当初はアルジェリアも歓迎の意向で、当時総督であったＴｈ・スティーグ氏も関心を寄せていたのであった。しかし、ほどなくして反対意見が出てきたが、これは明確さもなく、中心人物が誰かもわからないだけに始末が悪かった。なによりも時間を空費させ、やる気を殺いでしまうのだ。おそらく、そこには個人的で、いずれにしてもお役所仕事的な対抗意識というものがあったのだろう。おかげで、はじめての開会式は一九二九年まで延期されることとなり、場所もアルジェの代わりにアレクサンドリアになってしまった。アレクサンドリアの準備はみごとなもので、たいへんすばらしい競技場が建設された。エジプトの委員Ａ・Ｃ・ボラナキは、この仕事に熱心かつ無私無欲でたずさわったので、みなも認めるかれの権威は、いやが上にも高まったのであった。しかし土壇場になって、イギリスの政治的な策謀にフランスも乗じたことによって、これまでに成し遂げられたこともふいになってしまい、ファード国王はすばらしいアレクサンドリアの競技場の落成式を、つつましやかな地域的行事として行わねばならなかった。わたしは、相当に不愉快なこの件の前後関係について詳しく説明することはできない。ちょうどこの問題が進行している時点で、わたしはすでにＩＯＣの会長を辞めていたからである。しかし、これらの基底にはいわば本源的な抗争があった。それは原住民を解放しようとする趨勢に対抗しようとする植民地精神による闘争であり、内地参謀本部がその趨勢を重大な危機とみなしていたことである。これらの依って立つところは、むかしならばともかく、現在ではもはや価値がない。それは「過ぎ去りしよき時代」の理屈である。『オリンピック評論』誌では、一九二二年の一月号で「植民地におけるスポーツの役割」というテーマを扱っている。それから二十年を経て、人間精神の進化は十分これを実践できるまでになっているものとわたしは信ずる。しかし、この問題は、いまだ機が熟するに至ってはいないようである。その成熟は間近であるべきだし、わたしはアフリカのスポーツが、すべての条件を乗り越えてみずからを組織していくだろうことを確信している。ヨーロッパがその気になって運動の音頭取りをした場合よりは手際が悪いかも知れないけれども。それはとにかく「アフリカメダル」について触れておこう。これは毎年、部局の長や使節団に対して与えられるべきもので、スポーツ従事者の奨励が目的である。これは、よりよいものを期待する心の現われである。そのメダルの表は槍を投げる黒人のデザインで、裏は竹林の間からラテン語の文字が見えるようになっている。――アフリカは植民者も原住民も多言語使用者《ポリグロット》なのである。Athletae proprium est se ipsum noscere, ducere et vincere ― 競技者本来の特性は自己を知り、自己を律し、自己を克服することにある。これはスポーツの永遠の美と、真のスポーツに対する根源的な熱望とその成功のための条件である。

21 第八回パリ大会（一九二四年）

第八回オリンピアードの大会が幕を開けたのは、シャモニーで一九二四年二月のことであった。この雪に覆われた序盤戦は、あらゆる点において成功であった。スカンディナヴィア勢が優勝者を輩出したこともあって、かれらの遺恨を和らげ、先入観を弱めることにもつながった。雪解けに代わって、開会式の前夜に静寂で並外れた寒さがやってきたのであった。（これは冬の大会でいつも頭を悩ませる点で、四年後のサン・モリッツにおいても同様の経験に見舞われた）アイスホッケーのカナダ対アメリカ戦は、まことにもってみごとな試合であった。それと同様に感動的な瞬間は、モンブランのふもとで、くだんのエヴェレスト登山隊の隊長に登山のメダルが授与された時である。この勇猛果敢なイギリス人は、登攀には失敗したが落胆することはなく、今度こそはヒマラヤ最高峰を征服してみせると誓ったのであった。要するに、この最初の一週間は、フランスのオリンピック組織委員会にとって、冬の大会の成否をみごとに示していたのだった。

あいにくなことに、四か月後のパリには、期待をもつことはできなかった。一九二二年の混乱が確実に尾を曳いており、その反響が相変わらず継続していて、ある意味において、取り返しがつかないことであった。しかも役所がつけてくる難癖や無理解は常軌を逸していた。組織委員会の忍耐と根気には、いかばかりのものがあったことであろうか。このことに対しては、十分な感謝の言葉もないほどである。さらにまた、フランスに熱烈な讃辞を与えてくれた外国勢に対しては、なおさらのことである。政府はこれらのことを思ってもみなかったし、オリンピックを活用することも知らなかった。ある下級の国家公務員が、慎ましやかにわたしに語ったことがある。「わたしの意見は『一般大衆』としてのものの見方ですが、いずれにしても、お偉方たちは、このオリンピックがもたらすことができる多くの利益を、みすみす見逃してしまったように思われますね」かれの見方は正しかったし、かれの批評は、どのような誤りがあったかをうまく要約している。ここは、この件について詳細な評価を開陳すべき場所ではないし、もしそれをするとなると、フランスの指導者たちの思想や世論というものに関する徹底した調査を行わなければならなくなる。これについては、近い将来に公表されるべき別の回想録のなかで、「頭を欠いた勝利」と題した章の中で論じることにしたいと思う。なんと言っても、パリに集められた世界の若者たちに対して、直近の栄誉による光輝ある平和の小枝を手渡すことのできる唯一の機会なのである。すべての民衆が関心を寄せる新たな時代へのなんという出発点であろうか。いまとなっては、過ぎ去ったことへの後悔は不毛のわざであろう。むしろ、ただ単に、パリ・オリンピックの期間に見られた諸事実の中から励ましになる事柄を数え上げていった方が賢明であろう。

選手たちの上機嫌は、二人の依願ある人物のそれに習ったものと見受けられる。ドゥメルグ大統領とプリンス・オブ・ウェールズ（訳註：のちのエドワード八世）で、たしかにかれらの微笑は伝説の域にまで達していた。しかし、スポーツのはなしをしているのであるから、選手たちのことからはじめていこう。いつでも選手が気むずかし屋であると書く連中は、選手たちのことをほとんど知らないし、スポーツの至高の大望を作りなすオリンピックの栄冠のために、厳粛な環境をもつひとつの場所に何千という若人たちが集うことが、絶えることのない興奮の理由となることを理解しないのである。さらにそこには、トレーニングの義務、克服すべき障害、肉体の違和感、期待と現実との間の宿命的なまでの食い違い、不幸な偶発事、試合を目前に控えた神経過敏といったものがつけ加えられるのである。部外者から見た一面的にして容赦のない「意見」が、拙速な判断にもとづいて作られ、しばしば公正さを欠いているのは御存知であろうか。（スポーツ専門のジャーナリストともなると、それなりの熟練が求められるが、それでもつねに公正であるわけではない）意思の力で全力をつくし、冷静さを保ち、自我を抑制し、選手同士で献身的な互助を行うことなどを御存知であろうか。いずれにしても、――あなたにも思い当たる節があるかもしれないが、健全で正々堂々とした競争の称揚ではなく、むしろ敵意や苛烈な嫉妬心をあおり立てることがしばしばである――観衆の節度のない野次に抗することのできるスポーツ精神の強さというものに対して讃辞を送るだけの品位をもつべきである。すばらしい体操や水泳の試合が「流行でない」という理由から閑古鳥が鳴いているのに、フットボールの激闘や強打の応報が予想されるボクシングの試合ともなると、観衆はこれ幸いと詰めかけるのである。これらに比して、みずからの実践哲学による心の平穏裡における競技者の均衡と雄々しさは、一般的に言って、いかなるものとして現われるであろうか。もとより、多くの例外はあるだろう。しかし、全体としてみたときには、そういう印象が残るのである。ストックホルムからアントワープ、アントワープからパリへと、その鼓舞する活動は継続していった。パリでは、それがかつてないほど際立っていた。

カストン・ドゥメルグ大統領は、エリゼ宮に着任した一週間後に警護を伴ってソルボンヌのオリンピック復活三十周年記念祭におもむいた。かれに贈呈された小箱にはふたつのメダルが並んでおり、そのひとつには三十年前に刻まれた「パリ会議はオリンピック大会の復興を宣言する。一八九四年六月二十三日」という文字が見られ、いまひとつのメダルは同じデザインで、次の文字が記されていた。「ここに集合した国々はオリンピック復興三十周年を祝福する。一九二四年六月二十三日」。国家元首を迎えるにあたって、わたしとわが委員たちが想起したのは、なによりも、一九一四年六月の記念祭のさまざまなイメージであった。それは世界大戦の前夜で、以後の四年間にスポーツのよろこびというものを作り上げてきた若者たちが、なんと多く犠牲となってしまったことであろうか。合唱があり、ホルンのファンファーレが大講堂に鳴りひびき、オリンピック旗が飾られ、講演が行われ……といった具合に、祭典は往事をさながらに行われたが、仔細に眺めると、歴史という車輪が回転し、ある種の不安定な均等化が、失われた時代の確実な平穏さに取って代わってしまったように感じられたのである。

その夜、大統領はエリゼ宮においてＩＯＣ委員に敬意を表して大晩餐会を催した。そこには、ソルボンヌを訪れていた新たなオリンピズムの中心地たるローザンヌの住民総代も招かれていた。翌日の午後には、パリ市役所の祝祭ホールで大歓迎会が催され、そこでは寸劇も披露された。ＩＯＣ総会は、ルーヴル宮の大蔵省内にある豪奢な特別室において、六月二十五日に開会した。二十五日、二十六日、二十七日、二十八日と続けた時点で総会は一時中断し、実行委員会に通常業務としてさまざまな準備調整を行うゆとりを持たせた。再開した会議では七月七日から十三日にかけて、十のテーマについて審議したが、そこにはカドガン卿（イギリス）、岸博士（日本）、ベナビデス氏（ペルー）、アルダオ氏（アルゼンチン）といった、何人かの新たな委員も加わっていた。

七月五日、大会の開会式はおごそかに、いつものような荘重さをもって、競技場で開催された。共和国大統領のかたわらには、プリンス・オヴ・ウェールズ、ルーマニアの皇太子夫妻、エチオピアの摂政宮、イギリスのヘンリー王子、スウェーデンのグスタフ・アドルフ皇太子と、政府およびパリ市の代表者たちが並んでいた。鳩が放たれ、祝砲がとどろき、合唱の歌がわき起こる間に、巨大なオリンピック旗が掲げられたが、これは閉幕に至るまで、競技場の上にはためくことになっている。その朝、ノートルダム寺院で開かれた式典は、アントワープの改革にならった厳密な「不偏不党」を目指すものであるが、この特異な枠組の中でも、たいそう印象的な威厳をまとっていたのだった。さすがにエチオピア摂政タファリ（訳註：のちのハイレ・セラシェ皇帝）が、円錐形のコートと大きな帽子をかぶったまま競技場内の更衣室にいる選手たちのもとを訪れることはできなかったものの、若い皇太子たちは、目指すところは達したのである。プリンス・オヴ・ウェールズは、勝者たちと語り合うことを好み、また、誰とでも気がねなく会うのであった。ある日の午後、競技場の芝生の上で、かれは何やら気がかりなことがあるように時計を見ながらわたしに言った。「次の試合にイギリス人選手は出場するんでしょうかね？　ブローニュの森でポロをやりたいと思っているんで、予約は取ってあるんですがね、もしイギリス選手が出場するようなら、そっちに行くわけにもいかない」わたしは早速調べて「殿下、ひとりいますね」すると、かれは瞬時のためらいも見せず、また残念そうなそぶりも見せずにポロの方をあきらめたのであった。イギリスオリンピック協会主催の二百名規模の大宴会は、かれが主宰したが、大使、大臣、フォッシュ元帥などがいる中で、かれはやおら立ち上がり、会場を二周して自分の席のうしろに戻ってきた十二人のバグパイプ奏者たちに、手ずからシャンパンのグラスを渡したのであった。乾杯の時が至るや、かれはまず自分の父を、そしてフランスの元首と他の参加国の元首たちのための乾杯の音頭を取ったのであった。席に戻る際に、かれはわたしに言った。「やれやれ、これで第一関門は乗り越えたぞ……」それからしばらくして、かれは再び立ち上がって、オリンピズムの栄光を讃える素晴らしいスピーチを行った。

ルーマニアのカロル皇太子の天真爛漫さもなかなかのものであった。かれはいつもみずからオープンカーを運転して競技場にやってきたが、通常はお付きの人が一緒だった。ある日の午後は、一人でやってきた。律儀な護衛のひとりが、貴賓室までわたしを探しに来て「ルーマニア皇太子だと言い張る男があそこにいるんですが。おそらくいたずらに違いありません。ひとりで自動車を運転してきたんですからね。守則違反の廉をもって警察に連行いたしましょうか」わたしは急いでかけつけた。皇太子は楽しげである。「あなた、どうしてここにいらしたんですか？　これからブタ箱に連れて行ってくれるらしいのだけれども、じつに面白いじゃないですか！……」警備する側にとっては、たまったものではない。

それはともかく、さまざまな巡り合わせとともに、フェンシングやボクシングやレスリングの試合は進行し、また競技場における競走や跳躍や投てきの決勝戦には喝采が浴びせられた。また、水泳や漕艇や近代五種競技は、別の場所で勝敗を競った。その一方で、寡黙で注意深いチームは、グラモン通りの事務所の中に詰め、休むいとまもなく、機械的な仕事の遂行に余念がなかった。かれらがスポーツマンらしく無理難題を受け入れ、それを実行したことをじかに知る者として、わたしはここに感嘆を以て感謝の意を表したいと思う。それと同時に、忘れずに賞賛されるべきは、組織委員長のクラリー伯爵の心をつくした活動と、とりわけ中心人物として疲れを知らぬ活動をした永遠の青年フランツ・レシェルで、かれらにはＩＯＣ委員たちすべての署名が入った感謝状が贈られたのであった。

ポリニャック侯爵はもっぱら芸術競技の組織に尽力し、かれのおかげをもって、ようやく芸術競技はオリンピズムにふさわしいものにまでなったのである。しかし、かれはそれだけでは満足せず、シャンゼリゼ劇場で「第八回オリンピックの芸術シーズン」という催しを開催した。なかでもパリジャンたちに歓迎されたのはベートーヴェンの交響曲第九番を聴けたことで――この曲は、わたしにとって、つねにすぐれてオリンピック的な交響曲であり続けているけれども――演奏は、アムステルダムのメンゲルベルグの仲間たちによる、オランダのすばらしい交響楽団と合唱であった。次回のオリンピックの舞台がアムステルダムになることを喚起していたのは、このことだけではなかった。オランダ公使が公使館で開催したすばらしいレセプションの席上で、大会閉会の言葉を引用しながら、この「たいまつの引き継ぎ」をたくみに強調するのだった。閉会の言葉が発せられるまさにその時、三つの旗が競技場に高々と掲げられた。ギリシアとフランスとオランダの国旗である。そうして国旗掲揚に敬意を表すべく、これら三つの国の国歌が奏でられた。かくのごとく不滅のヘレニズムへの讃辞と同時に、いま終えたばかりの大会と次回大会への讃辞を発することは、今後も継続されるであろう。これに加えて、わたしが意図していたオリンピックの式典儀典書《プロトコル》が完成をみた。観客が驚いたりせず、また準備不足の演者でも対応できるように、かねてよりわたしが、ひとつひとつ、段階的に築いてきたものである。現在でもなお、多くの人はこの式典のもつ教育的な価値を理解しないし、それを時代おくれの象徴主義だと見なしたりしている。しかし、儀典書に定められた式典の光景や様式に一旦慣れてしまえば、以後、そこから逸れていく可能性はほとんどないのである。

かくして、わたしの勇退の準備はすこしずつ整っていった。残るは二つの重要なポイントである。ひとつは、わたしが何度も繰り返してＩＯＣに認めさせようとしたことで、オリンピックの各大会の終了後に優勝者の名前を刻み込んだ大理石の銘板を競技場の壁に貼りつけ、選手たちの偉業を証し立てるものとしようということである。オリンピックの競技場は必ずしも恒久的な建造物ではないという反対意見も出てこようが、しかし競技場を取り壊すにしても、この勝利の碑をたとえば市役所などに移設することだってできるではないか。四年に一度のこれらの試合に勝利を得ようとする大望は、世界のスポーツに親しむ若者たちにとって最高の経験であり、それに対して古代でも考案され、実施されていたように、ある種の市民としての褒賞を確実なものたらしめることは大切である。顧みるに、ストックホルムやアントワープの大会では、この点について約束は果たされなかったし、パリにしてもアムステルダムにしても、あまり気遣われている気配がないようである。これは大きなあやまちで、その気になりさえすれば、若干の意志と忍耐と予算とによって、まだ取り返しがきくのである。

いまひとつには、各競技の国際団体とオリンピズムとの関係が、強固かつ良好なものとなってきた現在、大会組織の技術面において相互に協力すべき時が来ているのではないかと思われることであった。しかし、まだ誰になるかは分からないが、わたしの後継者にこの前進の実現は委ねるべきであると考えた。理事会はローザンヌで毎年秋に招集され、三日がかりで、当面の懸案事項とＩＯＣの次回総会の準備を行う。一九二四年十一月の会合にあたって、わたしはわが委員たちに向けて、かれらがやりやすいようにひとつの草案を示したが、それはのちにまったく異なった対応法に置き換えられ、その結果、日の目を見ることはなかった。それは十五人の委員からなる技術委員会の創設をもくろむもので、その任期は三年間、各オリンピアードの二年目の一月一日から四年目の十二月三十一日までとする。この委員会の構成は、ＩＯＣ代表三名、各国のオリンピック委員会からの六名、各国際競技団体からの六名となる。この委員会の責務は、大会準備期間にあっては技術面からこの準備を管理し、諸団体や各国委員会の要望をとりまとめて伝達し、諸規程の正しい解釈とその適用を確認することであり、大会期間中は、異議申し立てを審査し、それに適切な対応策を与え、また選手の資格審査や審判が公正に機能を果たしているかについて調査を実施するのである。

この委員会創設のねらいはＩＯＣに元老院的な役割の豊かさを取り戻すことであり、それと同時に技術部門に然るべき権限と責任を与えて、共同作業にもっと密接に関わらせようというところにあった。

22
プラハ（一九二五年）

プラハでのコングレスならびに一九二五年のＩＯＣ総会開催招致は、その二年前にローマで提案され、ただちに採択された。招致の書類には外務大臣のベネシュ氏の署名が記されていた。同年、わたしはモントルー滞在中のマサリク大統領のもとを訪れ、かれが近代オリンピックに関心をいだいていることを確認した。プラハというこの素晴らしい都市は、たしかに賞賛を受けるにふさわしい、世界で最も美しい都市のひとつで、もっとも不可思議であると同時に、劇的な波乱に富む歴史の堆積と深遠な人間性がいたるところに認められるのである。オリンピック運動の開始時からボヘミアの参加を主張し、その権利を守り続けてきたわたしとしては、会長職をこの機を以って勇退しようとするのは、とりわけ喜ばしいことであった。これはまた、わたしの誠実な協力者であり、友人であり、いまでは運動当初からの唯一のメンバーとなったイジー・グート・ヤルコウスキーに対して、わたしの感謝と友愛の意を表明する手段でもあったのだ。

ＩＯＣの総会は一九二五年五月二十六日に市役所で開会した。新来の委員には、ボナコッサ伯爵（イタリア）、シンメルペンニンク男爵（オランダ）、レヴァルト国務大臣（ドイツ）、イヴァル・ニュホルム氏（デンマーク）そしてハオデック博士（オーストリア）が見られた。最初の会議では、シャルロー大尉がアムステルダムからの吉報を報告した。実際のところ、かれとその協力者たちのおかげを以って、第九回オリンピックは、全面的にすばらしい準備が行われていたのであるが、一時は開会が危ぶまれることもあった。というのは、この復興オリンピックのもつ「異教的な」性質に怒りをあらわにした敬虔主義者の一派が、信任投票の妨害に成功してしまったからであった。このオリンピアードは、かつてない愚行の記録をわがものとするのであろうか？　しかし、政府当局者の弱腰に対して世論が黙ってはいなかったし、募金の応募状況が、政府が誤った道を取ろうとしていることを示していた。そしてすべてが常道に復帰した。それにしても、これは二十世紀の出来事である。反知性主義のさまざまな顕われは息の根を止め、「無知というヒドラの退治」を完了したと信ずる人々に対する貴重な教訓ではないか。それどころか、わたしの危惧するところでは、現代の半可通の知性による深刻化は、まさにとどまるところを知らないのである。理解を伴わない知性はあり得ない。そして専門化した知識は、今日、そのおかげをもって人間にすべてを把握しえたとすら思い込ませるのだが、実際にはその逆で、知識を歪曲しているのである。四半世紀というもの、この問題について――そこから起こりうる結果や可能な解決策について研究してきたわたしは、今後どのようにしてそれに全面的に取り組むことができるかという焦燥にかられていた。これが理由で、プラハで行われたオリンピックの会議席上では、わたしはいささか注意散漫で上の空のように見えたかもしれない。この点に関して、わたしは会議におけるわたしの役割は終わっていたと見なしていた。わたしは、わたしの後継者に特権的かつ不可侵の地位をゆずりわたすことを意識した。

オランダの問題についで、その次の候補地カリフォルニアについて検討した。ずいぶんと先のはなしであるが、すでにかなり進行していたのは、かつて例を見ないことであった。今後のアフリカ征服という問題は、アルジェリアの脱会が機縁となったのであるが、アレクサンドリアがその後継となることに同意したことを以って強化され、A・C・ボラナキの献身的なはたらきで解決した。冬季大会は、完全な勝利であった。確信をもって転向したスカンディナヴィアの委員たちは、留保なしにわれわれに合流した。副次的に行われてきた冬の大会が正式に承認されることをつねに願ってきたわたしは満足であったが、このとき、われわれの憲章の中に「冬季競技の章」を入れることを認めてしまったのは、のちの紛糾の原因ともなりかねないだけに、気がとがめている。現行のように、冬季大会に対して別の番号で数えることは禁じられるべきであり、夏季大会と同じオリンピアードとして数え上げるべきであった。

最後に、これまで倉の中に入れて棚上げにしていた問題の検討に手をつけると、ミイラよろしくアマチュア規定にまつわる一連の問題が、新たな課題として息を吹き返してきた。その間の報酬、ポケットマネーはどうするか、教師《プロフェッサー》とプロの相違、アマチュアとプロとの対戦はどうか、等々。これらすべての問題については、確信犯的な扇動者の付帯決議請求などによるものではなく、日をあらため、もう一度会議を開いて冷静に論議すべきであろう。その一方で、外部からまったく思いもかけぬ干渉がＩＯＣ新会長の選挙に対して行われた。会長の席はフランス人以外の手に渡すべきではないという主張で、この件に関する駆け引きに要する時間としての一年の間、わたしに留任するように同意を求めてきたのである。かかる策謀に加担するというのは、わたしから見るとまことにもって不誠実なはなしである。ラファン師を含む理事会メンバーの協議で、この干渉には断固とした拒否の姿勢を示した。五月二十七日、レセプションにつづく宴席が、パレ・デュ・フラドシン（訳註：プラハ城のこと）の名高い「白の間」で、ベネシュ夫妻の主催で開かれたが、そこで大臣は委員長選挙に干渉するよう依頼を受けたが、それは拒絶したとわたしに語った。かれとしては、ＩＯＣの独立性を侵害するがごとき行為は、かれの立場から見て正しくないと判断したというのである。

翌日五月二十八日には、委員長選挙が行われた。投票者数は四十で、過半数には二十一票が必要である。一回目の投票では、わたしの意に反して、同情票として間違えてわたしに対する投票を行うものもあったが、二回目の投票で、バイエ・ラトゥール伯爵が選ばれた。この選挙結果は、冷静さと満足感をもって迎えられたが、それはオリンピックという仕組の力を示すものであり、皆にＩＯＣという組織が安泰であるという印象を与えるのだった。総会は、まさしく大会前日に終了した。ほとんど毎日のごとく、素晴らしい宴が開かれた。大統領のガーデン・パーティー、オペラのガラコンサート、ヴァルトシュタイン宮における素晴らしいマチネー。晩餐会の主催者は、顧問のグート・ヤルコウスキー夫妻、厚生大臣、プラハ市長、自動車クラブ、チェコスロバキアオリンピック委員会などであった。大会の開会式では壮麗な合唱が聞かれたが、この歴史ある場におけるヤン・フスとイジー・ス・ポジェブラト王の記憶を呼び起こす荘重な響きをもっていた。

会長職の権限移譲はローザンヌで行われる運びとなり、わたしの後継者の就任は九月一日である。それゆえ、わたしはまだ会長職の地位にあって、大会に介入する権限を有していた。シェリル将軍の発案によって、委員たちはわたしに「オリンピック大会の終身名誉会長」職を指名し、この尊称は以後誰に対しても奉られることはないと明示された。ところで、一九二一年の時と同様に、わたしはJ・S・エドストレームをこの会議の議長に指名した。この指名は諸競技の連盟から歓迎された。エドストレームはIOC委員であると同時に国際陸上競技連盟の会長でもあった。かれはこの難しい役割を熱心かつ驚くべく良心的に全うした。時にある程度の乱暴な展開を見せることもあったが、正義と善良さがそれを和らげていたので、かれに対して気を悪くするものはいなかった。しかし、かれも今回のこの大会における山積する難題を見て、最初の何日かで、なにがしかの意気阻喪を覚えた。わたしの思うに、これはあらためて議題に上った問題のほとんど解決しがたい性質によるものであって、大会参加者の多数を占める者の精神状態によるものではなかった。かれら多数派が真摯に欲するところは、スポーツの制度によかれということであったが、任務としてかれらが各国から委ねられ、あるいは個々のスポーツの代表として主張することを求められることは、しばしばそれと反する内容であると感じられた。国粋的な情念は、戦争によって非常にかきたてられ、多くの物の見方が歪められたが、同時にその一方、世間の空気と社会のもつある種の秘められた自己保存本能とによって、かつてないほどのさまざまな領域において、インターナショナリズムへの言及が見られる傾向もあった。現代の奇妙な矛盾であるが、これは、すでに多くの同時代人によって指摘されたことである。

いまひとつのコングレスは、プラハで専門会議との合同で開催された。それは教育学の領域に属するもので、チェコスロヴァキア政府との共催で、「体育の原理や方法論をテーマとしない」ことが明言され、そしてこの会議では「よりよい方法論の探求や適応はまったく対象とせず」、ただたんに「スポーツの組織の根本的な性格を弱めたり変更したりすることなく、さまざまな点において改善するための道筋を研究する」のだというのである。取り上げられた論点は以下のようなものであった。過度の見世物的性質、ボクシングの試合、青年期の抑制、女性の参加、「古代の体育場《ギムナジオン》」の復活、フェアプレイと騎士道精神の展開、大学との連携、運動療法、似非スポーツとの闘争。御覧いただいたように、これらは一見統一性のない問題の寄せ集めのように見えるかもしれないが、心理—生理学という共通の関心によって強く結びつけられていたのだった。それぞれのテーマには解説の見出しが付されており、設定されたテーマから逸脱しないように配慮されていた。しかし、この教育学の会議は、かなり早くから現代の「長談義」のありきたりのパターンに陥ってしまった。すなわち、あるテーマを扱うにあたって客観性と実践性を両立させるやり方が無効であって、一つの見解が浮き彫りにした問題点や個別の関心事への扱いには対応できないのである。結果として、これらは概して主張の裏づけとなるしっかりとした骨格がないままの弁舌にとどまった。これが今回の会議であった。わたしは専門の会議に参加はしなかったものの、それが活発なものとなるように配慮した。しかし、プログラムに記された諸テーマはわたしの関心を惹くものであり、かれらが描き出すものはわたしの願うものである。のちに折あって、わたしはよりよい条件のもとにこれらのテーマを扱う機会を得た。

決定事項にしたがって、バイエ・ラトゥール伯爵は、九月一日に着任した。それから日を経ずしてヴォー州参事院とローザンヌ市当局への公式訪問が行われた。参事院議長と市の式典担当委員は、かれに敬意を表して昼食に招いた。その後、ベルンに当時の連邦議会長のムジー氏のもとを訪れ、議事堂でお定まりのあいさつを交わしたのちに、われわれはまた昼食に招かれたのであった。

23

オリンピア（一九二七年）

一九二七年四月十六日、式典出席者一同を乗せた特別列車がアテネからオリンピアに向かった。リーダーは公共事業大臣のアルギュロス氏で、メンバーは大学の学長、アテネ・アカデミーの会長、フランス考古学学校の校長、数多くのスポーツ団体の会長、大学教授たちに加え、外国からの招待客たちである。旅程は長かった。エレウシス湾をめぐってサラミスの岸辺を眺めつつ、コリントの海峡を横切って湾沿いにパトラスまで行き、そこで南に向かってピルゴスをめざし、ようやくクラデオス川の流れる谷間の中にあるオリンピアに到着するのである。遺跡はクロニオン山のふもとの間近、アルフェウス川とクラデオス川のほぼ合流地点にある。すぐ近くに、ひっそりとした村と小さな駅が位置していたが、近代的なおもむきは目立たなかったから、聖なる都市の威厳と歴史の巡礼者としてそこを訪れる人々の敬虔な夢想を妨げるものは何もなかった。

この巡礼の三十三年前に、わたしは一人熟考する好機として、パトラスのパナカイック協会有志による案内人のみを伴って、この地を訪れたことを思い出す。一八九四年十一月の一夜、わたしはアテネに到着して、イタリア経由でフランスに帰国するところであったが、それまでに得られた成果と同時に、今後わたしを待ち受けているであろうおそるべき困難にも思いを馳せていた。わたしは小さな丘を登るくねくねと曲がった小道を思い出す。その頂上には博物館とホテルがあった。アルフェウスの岸辺から、かぐわしい、澄んだ空気がそよいでくる。月光は、もやのかかった風景を活気づけ、星空はわたしが感動的な接触を求め続けて来た二千年という歳月の上に落ちてくる。その翌日、わたしは窓から朝日が昇るのを待ち受け、最初の光が谷を照らすのを見るや、わたしは一人遺跡への道を急ぐのであった。そのささやかさは、ひとつには遺跡の残存部分の比率によるものであり、いまひとつはその密集によるものであるが（この空きスペースがないということはギリシア、ローマ文明にあってじつに特徴的なことで、ペルシア文明の概念とは対立し、好対照をなすものである）、このささやかさが、わたしを驚かせたり、失望させたりということはなかった。それは精神の建築で、わたしはそこからさまざまな教訓を得てきたし、またそれはすべての次元を偉大なものとする。わたしの瞑想は朝の間つづいた。静けさをさえぎるものとては、アルカディーの道を往く羊の群れの鈴の音のみなのであった。

一九二七年四月十六日のこの夜に、往時の想い出が一群となって思い起こされるのであった。駅周辺には数多くの家が建ったものの、ホテルや博物館の近辺はほとんど変わっていない。わたしたちは、布に覆われたオベリスク風の尖塔に近づいた。それは白い大理石の記念碑で、ギリシア政府によって建てられたもので、わたしの知るところでは、ギリシア語とフランス語でわたしの名前が刻みこまれている。ホテルでは大きな祝宴があったが、古代を思わせる郷土料理を基調とする気のおけない料理が供された。そして、わたしにとっては、すべてが新たな反芻なのであった。窓に寄り、アルフェオスの草原をよぎる月の光をながめ、翌日の明け方には、いにしえの偉大さのイメージを追い求め、遺跡を散策するのだった。

除幕式は四月十七日の朝十時に行われた。近隣の村々からやってきた数多くの観衆とともに、われわれはギリシアとフランスの国旗に覆われた記念碑の足許に集まった。祭服を身にまとった三人の司祭が代わる代わるに詩篇唱詠と祈祷を行ったが、その声の震え方は、かれらがいにしえのビザンティンの、ギリシア正教の継承者であることを思わしめた。次に大臣のあいさつがあった。わたしはその言葉に簡潔に応じた。それから、スイスの代理大使がスイスとローザンヌ市を代表して行ったあいさつが会のしめくくりとなった。式は場の偉大さと適合する簡素さのみを印象づけた。特別列車は十二時四十五分に出発し、夜の暮れかかる頃に、われわれはアテネに帰着した。

わたしはここに、当日のラジオ中継で「すべての国のスポーツに親しむ青年」に向けて発したメッセージの原文を再現しておきたい。このテクストには、これまで正確な再録というものはなかったし、翻訳版には、ところどころに誤訳が見受けられたのである。

《オリンピア　一九二七年（第八オリンピアードの四年目）の四月十七日

こんにち、オリンピアの名高い遺跡の中でオリンピック競技再興を記念する碑の除幕式が行われました。再興の宣言から三十三年経ちました。ギリシア政府の計らいのおかげを以って、オリンピックは歴史の列に加わるの栄光を有するに至りました。これを受け継いで維持するのは、きみたち若者です。われわれ――わたしとわたしの仲間たちは、オリンピック大会を博物館の資料や映画のテーマにするために復興したのではないし、金もうけの手段や選挙対策の一環として復興したわけでもありません。わたしたちが望んだのは、二千五百年前の制度をよみがえらせ、そこに偉大な先祖たちが考えたようなスポーツという「宗教」への信奉者に、きみたちがなってくれることです。現代社会は、じつに多くの可能性に満ちていますが、そこにはまた同時に、堕落頽廃の危険もあります。オリンピズムは、高貴さと道徳的な純粋性の学習の場となるのと同時に耐久性や肉体の活力を養う場をも構成しうる。しかし、それは、きみたちが絶え間なく、みずからの名誉の概念とスポーツにおける無私の心を、みずからの肉体の躍動と同じレヴェルにまで高めようとする限りにおいてのことです。未来は、きみたち次第なのです。》

アテネでは、いろいろな集会が開催されたが、その中心となったのは体育学校校長のJ・E・クリサフィスであった。かれの熱意と多産な活動は、何年も前から公衆の福祉のために、採算を度外視して行われてきた。かれとギリシアのIOC新委員で二年前に早逝したゲオルゲ・アヴェロフ氏は、わたしが第一回大会のための滞在中に受けた不愉快な思い出を消し去ろうと努めているように見えた。しかし、じつのところ、そうしたいやな思い出は残っていない。わたしの提言に対する当時の反論は、かれらの祖国愛のほとばしりによるもので、自然な流れというものである。新たな競技を、全面的に国際的な規格のうえに構想し、全世界的な環境を与えようとするために――わたしは単に唯一の実践的な方法を採用するばかりではなく、そこに永続性を確保し、それと同時にギリシア文化への真の関心をも呼び起こそうとしていたことが、現在では、すべて理解されている。わたしはまた、ギリシア文化とは尊重と考察の対象たるべき過去のものではなく、信頼と献身の対象たるべき未来のものであるということを、さまざまな折をとらえては、繰り返し表明することを怠らなかった。その「るつぼ」の底には、未来の社会の運命が準備されており、そこにはローマ帝国の原理とギリシア都市国家の原理とのあいだのある種の潜在的な生存競争が認められるのである。未来志向の慢心は、新たなものを創出したと主張するがあてにならない。われわれは、ギリシア、ローマの二つの台座のうちのいずれかのうえに事業を再建すべく定められている。外観のうえでは、ローマ帝国の方に部がある。わたしからみると、わたしはギリシアの都市国家がよいと信ずる。

オリンピズムからはずいぶんと離れたはなしとなったことを許されたい。しかし、わたしが最後にギリシアの地に滞在した折に、わたしのお気に入りのこのテーマは継続した。わたしのギリシアひいきは、以後、ギリシアの友人たちすべてに了解され、好意をもって受け入れられたのである。そのゆえを以って、わたしに敬意を寄せる人々から受けたさまざまな称讃のうちで、わたしをもっとも感心させたものは、古代以来顧みられることのなかったひとつの慣習をよみがえらせたことである。すなわち、競技場の大理石の座席の背の部分に功労者の名前を金文字で刻み込むことで、わたしは一度だけ、わたしの名を刻んだ席に座ったことがある。イギリスの大学チームが来訪した陸上競技の試合を観戦した時のことである。シンダートラック、スパイクシューズ、修復された競技場。しかし現代のアスリートたちは、二千年前の先輩たちが通った地下の通路をくぐって競技場に至るのである。かれらの魂は先人のそれと等しく、かれらの若さに輝く後光は、先人と等しい筋肉のよろこびの若々しい跳躍なのであった。

競技終了後に、折あって、競技場とそのカーブに関する問題について議論をもったことがある。解決困難な性格のテーマであることは分かりきっていた。カーブは、今日のようなスピードで走るには径が小さすぎ、走る側にとっては障害となるし、けがをするおそれもある。現代の考え方では、競技場はアスリート本位に、記録を征服し、より驚異的な成果を上げることが容易になるよう、アスリートの努力を実質的に援助すべきである。しかし、これはあえて障害をつくり、それに打ち克とうとする努力を以って尊いと見る古代の考え方とは正反対なのである。したがって、ぐらつく砂のトラックと弾力性のあるシンダートラックとでは、スポーツに関する両極端の考え方が示されている。

これは、はたして解決不可能な問題なのであろうか？　わたしは思い違いをしていた。何人かの極端な近代主義者が解決策を見つけ出した。すなわち、面積拡張の改修のためにスタンドの二列を犠牲にし、スタジアムの三分の一を埋めればよいというのである。ペリクレスの競技場の毀損ではないか！　この冒瀆的な案の創出者は「夷狄《バルバロイ》」なのであろうか？　古代の信仰と歴史を専攻する北の学者たちは、——たしかにギリシアの民衆の世論によって、すでに撤回されていたとはいえ——かかる功利最優先の考え方には、内心我慢ならなかった。ある時、わたしはかれら学者の中の一人が、暮れかかる日に照らされた神聖なアクロポリスに向けて目を開くところを見たことがある。ちょうど影がわれわれの周囲を取り囲んだところだ。競技場はからであった。大理石が、その白さを取り戻すところであった。生きていることが幸福なこの学者の身体は、若者に希望と大志を注ぎ込むところのスポーツによる疲労の心地よさに満たされており、その視線はミネルヴァを見つめて祈りと讃歌を捧げているかのごとくであった。それはあたかも新たなオリンピズムの彫像のごとき表現であり、つねに活き活きとして、つねに人間の諸条件に適合するヘレニズムを待ち望む次なる勝利の象徴のごとくであった。

24
伝説

オリンピック大会の周辺には、すでに多くの伝説が生まれている。かつての伝説は、現実を優美に変形した詩的な創造であった。しかし、現代の伝説は、往々にして根拠のないでたらめにやっつけ仕事の衣をかぶせ、公表前にウラを取ることもなければ、事後の検証も行われはしない。多くは党派的な批判の必要だの卑俗な怨恨だのを満たそうとするところから産み出されている。あるいは、早急かつ容易に結論を導き出すために、もっともらしい理屈によって話の筋立てを理解しやすくするために生み出される場合もしばしばある。わたしが「懺悔」すべき伝説は、この後者に属するものである。わたしをめぐって、いかに数多くのおためごかしや皮肉な色眼鏡をかけた論評が、ここかしこに見られたことであろうか。いわく、わたしの「失望」、わたしの「幻滅」、わが当初の理念からの「逸脱」、仕事のやり方が「わたしの志を裏切っている」等々！

それらは、まったくの創作である。古代オリンピックについて、美学的な見地からまさかと思われるまでの美化が行われる一方で、それはプロの競技者誕生のはしりであるといった反対の評価も生じてくる。新たなオリンピズムについても同じようなおもむきがあって、それが生み出す国際的な競合関係のみが論じられるかと思うと、その一方では、大会を実行するに足る援助とみなされる営利の面についてだけが論じられることもあるのである。古代で用いられていた「プロフェッショナル」と「アマチュア」の区別は、すでにその意味を失ってしまっている。古代、近代双方のオリンピックを接近させるのは、同一の「宗教的な」精神である。それは、中世の競技者たちにとだえていたものの復興である。競技への信仰——古代において、この言葉の意味は、漠然とながらもとらえられていた。しかし、現代は、いまだにそれをとらえかねている。わたしは、この言葉の意味がひろがりつつあるように思う。モンテルランやケッセルといったフランスの数名の作家の中に、わたしの印象では、その傾向が認められるのである。

博識はなくても常識があれば、古代の競技大会も、さまざまな厄介な出来事や影のうすい存在となった時代、あるいは頑強な反対者による攻撃などを免れなかったことは、十分に御納得いただけよう。オリンピアは、分裂する運命を経験した。しかしオリンピズムは崩壊することなく、それを乗り切った。新たなオリンピズムも、同様の進化を示した。復興したオリンピック大会は、自らの先祖に比して二つの点において優位である。すなわちその世界的な性格と祭典の場が移動することである。このおかげを以って、オリンピックはより柔軟で、より着実なものとなった。発足当初こそ、さまざまな危機に見舞われたものの、いまやその活力は、涸れ果てるおそれはない。一九一四年から一九一八年の第一次世界大戦もオリンピックを揺るがすことはなかったし、ロシア革命も打撃を与えることはなかった。興味深いことに、「資本家」の組織の機能と「プロレタリア」の組織の機能が、ほとんど二重写しになっていることである。「労働者のオリンピック」もまた、定期的な間隔を置いて、失敗することなく開催されている。わたしがこの文章を書いている現在、モスクワでは次回の大会開催に向けて巨大な競技場を建設中であると聞く。この機会を利用して、オリンピックという名称さえも変更しようとしているらしいが、まことにおめでたい。それで革命の行為の素描をひんぱんに強調しようというのである。たしかに改革を必要とする制度はいかにも数多く存在するが、これは名称を変更するだけの主張である。行為の変革の代わりに単語の置き換えである。

いずれにしても、工場労働者たちへのスポーツの普及は、世界を二分する相異なった社会体制の闘争の結果がいずれに帰結するにせよ、オリンピズムが生き残るための明らかな担保となったのである。それはまた、スポーツに関するきわめて重要な事実に対する認識が、つい最近まではげしく否定されてきたことをも示している。すなわち、スポーツとは贅沢品でもなければ暇つぶしの活動でもなく、頭脳労働に対する筋肉による代償作用である。それは、すべての人間にとって、従事する職業に左右されることなく内的な可能性を改善する起点である。それは万人にとって等しい度合をもつ財産であり、まさにその意味において、かけがえのないものなのである。

人種民族という視点から見ても、なんらの相違はない。スポーツはあらゆる人種にとって財産である。アジア人はその性質からしてスポーツとは相容れないのだと主張されていたのは、そんなに昔のことではない。昨年、ジュネーヴに国際連盟の代表団として来訪していた日本人の高官がわたしに語ったものだ。「オリンピックの復興が、どれだけわが国を変えてしまったかというと、ちょっと想像もつかないところがある。わが国がオリンピックに参加するようになってからというもの、わが国の若者たちは、本当に活気づけられたものです」わたしは、インドや中国についても、同様の証言を挙げることができる。

この制度の特異な優越性は、社会の深淵にまで拡がるのと同時に国際的な拡がりをもつことができることにある。だから、誤った判断にもとづいた近視眼的な判断に対して、いかなる重要性を認める必要があろうか。オリンピック開催の度に、わたしはこれが最後の大会になるであろうといった文章を読まされたものだが、その理由というのが……（ここで実態をしかと認める必要がある）記者たちの滞在先の宿がひどかったとか、レストランが暴利をむさぼっていたとか、電信電話の設備が必要な時に故障していたとかいった理由なのである。わたしに言わせれば、それは人間につきもののあやまちにすぎない。もっとも、これらの三点については、大会組織者の方でも、もう少し気を使うべきであったかもしれない。それらがオリンピズムの究極の目的とはかけ離れ、間接的な関係しかないようにしか見えなかったとはいうものの。オリンピズムは堅固な基盤の上に立ち、広大な地平線を目の前にしている。そのおかげを以って、こちらで火が消えようとも、あちらで火が燃え上がる。さっと風が吹くだけで、その炎を全世界に燃えあがらせるには十分である。

この考え方には、なにかしらの高慢さを見て取られるかもしれない。しかし、わたしに完成すべく定められた仕事に対して、わたしが高い識見と大いなる自負を有しているからといって、わたしはそこに誇るに足るものを認めることはできない。「誇るに足るもの」とは、自分自身ないしはたいへん不利な状況に対する闘争を強いられた個人が、自らの節制によって勝利を獲得し、いわば「運命を手なずける」に至ったところに得られるものなのである。いかなる点から見てもわたしは幸運に恵まれていたし、ある種の内的な力が、わたしを絶えずわが任務に面と向かうように仕向けていて、そこからは逃れようにも無理であっただけなので、この種の勝利を自分の名誉に数えることはできない。

これが、いまお読みいただいた回想を執筆するにあたってのわたしの心構えである。そこには二つのやり方があって、ひとつにはいろいろな事物を飾り立て、エピソードを盛り込んで、回顧的な事実関係のありのままを少し歪めることも意に介さずに話を演出していくというやり方で、いまひとつは事実をその本来の価値に応じて把握し、それら相互の関わり方の実態を厳密に描いていくやり方である。後者の方法を取ったおかげで、うんざりするほど「わたし」という文字が増殖せざるを得なくなってしまった。しかし、これが唯一の正確にして誠実な書き方である。この方法を取るにあたって、わたしがみずからに課したのは、重要なことは一切書きもらすまいということと、とりわけ、基礎固めの折の仲間たちを忘れはすまいということであった。かれらは長い行程を同道し、わたしの側にあって絶えず支持を与えてくれた。その他の協力者たちの名前をすべて挙げることはできないが、折々の協力者たちに対しては、この場をかりて真率な感謝の意を表したい。

ところで、わたしが新たなオリンピズムの進化というものに対して完全に満足していると言えば、その明らかに好ましくない面に目をつぶったことになる。わたしはここに、わたしの目から見て重要なうえにも重要な、最近公となった文書の全文を引用することによって、責を果たしたいと思う。それは「スポーツの改革に関する憲章」で、一九三〇年九月十三日にジュネーヴで、連盟顧問のモッタ氏が議長をつとめる会議の席上で公表された。この憲章は多くの外国語に翻訳された。フランス語とドイツ語のポスターもつくられ、これがベルンで最近開かれた博覧会で大きな好評を得た。この憲章は、総論として認められたものの、その個々の条項が求めるところに従い、処方をただちに実践に移すとなると、関係者に大きすぎる犠牲と出費を求めるものであった。この点は、ゆっくりと、一歩一歩進めていくしかあるまい。

全文は、以下のとおりである。

スポーツに対する非難は以下の三つの難点に帰せられるのである。

　肉体の酷使

　知性退化の促進

　金銭崇拝と勝利至上主義の蔓延

これらの難点の存在は否定できないが、真に責任が帰せられるべきはスポーツマンではない。責められるべきは、両親であり、指導者であり、行政担当者であり、それに次ぐものとして競技団体幹部とマスコミ関係者である。

その対策は、以下のごとくである。

体育とスポーツ教育、スポーツ教育と競技との区別を明確にすること。

スウェーデンのやり方にならった「スポーツ認定制度」を創設し、難度、年齢、性別に従って試験を実施する。

国際選手権大会は二年に一回、オリンピアードの第一年と第三年にのみ行うものとする。

カジノやホテルが主催するもの、あるいは博覧会や公設の祝祭と抱き合わせで行われる選手権大会の禁止。民族的、政治的あるいは宗教的な性格を帯びた、オリンピックに類似する世界的大会の禁止……

賞金つきのボクシング競技の禁止。

器械体操を他の個人競技と同一の個人競技として導入すること。

いわゆる「体操」といわゆる「スポーツ」の団体は同列に扱われるべきこと。

体育教師とプロ選手との相違を受容し、前者はみずからが指導を行ったことのないスポーツの種目についてはアマチュアと見なすものとする。

個人としての宣誓のために参考となるひな形を用意し、そこにはそれにより実現されうるさまざまな効用の源泉を列挙する。

男性用競技種目に女性が参加することを禁止する。

都市により、もっぱら見世物としてのスポーツという目的に特化してつくられる巨大な競技施設の建設はしりぞけ、その代わりに古代ギリシアのギムナシオンを近代化した構想にもとづいた競技場を開設する。

十六歳未満の少年少女の競技に対して観客を入れることを禁止する。

学校スポーツ連合をつくり、そこに所属する生徒、学生のみが競技に参加できるようにする。

ボーイスカウトの加入年齢を引き下げる。

虚弱体質への対応ではなく、健康状態の維持という視点にもとづくスポーツ医学を発展させ、それと同時に、選手個人の心理的な特性により重きを置いた調査を実施する。

成人に対しては、あらゆる方法によりスポーツのトレーニングを奨励するが、その一方で、青年期の若者たちに対してはオーバートレーニングにならないように、いささかの抑制を求める。

ボーイスカウトには、天文学の基礎や世界史、世界地理の教育で知性を高めていただく。

スポーツ報道関係者に対しては、国際政治や世界情勢の年代記的な基礎を教え込むことで、知性を高めていただく。

ここに御覧いただいたとおり、この憲章にはオリンピック大会の改革に関する提案はまったくない。反対に、ここでの関心事はオリンピックを取り巻く環境の問題点を明らかにすることで、オリンピック大会により一層の強調を与え、周囲の環境から分離させ、より大きくさせることであった。選手権争奪の濫用から距離を置くことで、それの抑制がやりやすくなる。行き過ぎた傾向から距離を置くことで、それを制限する。しかし、過度の粛清はスポーツとは無縁の夢物語である。「百人が体育に親しむには、五十人がスポーツを行う必要がある。五十人がスポーツを行うには、二十人が専門家である必要がある。二十人が専門家となるには、五人が目の覚めるような技法を示せなければならない」この見方から離れることは不可能である。すべては鎖のように連関しているのである。スポーツという巨大な構築物の頂上には、記録と記憶が「永遠の原則」としてかかげられており、イポリット・テーヌがニュートンの万有引力の法則に対して言ったように「他のすべてを破壊することなしに、これを打ち壊すことはできない」のである。さすれば、皆さんには、中庸という反自然のユートピアの信奉者たちが、ディドン神父が生徒たちに与え、それが後にオリンピズムの標語となった言葉の実践をわれわれに示し続けているのを見守っていただきたいのである。すなわち

CITIUS ALTIUS FORTIUS（よりはやく、より高く、より強く）

近代オリンピズムの哲学的基礎（一九三五年八月七日のラジオ講演）

このたび、オリンピック大会の創設者であり、ＩＯＣの名誉会長であることを以って、わたしはオリンピックの意義について、はじめてラジオで解説を行うようにお誘いをいただきましたが、これをたいへん名誉なこととしてお受けいたしました。ここで、わたしの基本的な考え方やオリンピックというわたしの仕事を進めるにあたっての「哲学」を示すこと以上に、この御依頼に適切に応じることはできないだろうと思います。

オリンピズムのもっとも本質的な性格は、古代においても近代においても、それが一種の「宗教」であることです。古代のアスリートたちは、彫刻家がその作品をつくるように、トレーニングで身体をきたえ上げることによって神々を讃えました。一方、現代のアスリートたちは、自らの祖国を、民族を、国旗を讃えるのです。ですから、わたしは復興したオリンピックを取り巻くものとして、自らの筋肉で凱歌を揚げようと熱心に望むギリシアの若者たちの足をゼウスの祭壇に向けた感情の代わりに、ひとつの原理として、現代に顕著なインターナショナリズムと民主主義という考え方にまで変容し、拡張された宗教的な感情を対置して然るべきではないかと考えました。

近代オリンピックの儀礼を形成する文化のさまざまな側面はここに源があります。しかし、世間の常識は、それらを芝居がかった過剰演出だとか、不要な見世物だとみなし、国際的なスポーツの試合がもつ真面目さや厳粛さとはそぐわないものだとして長い間認めようとしなかったので、わたしはことあるごとに、それらの側面を強調しなければなりませんでした。スポーツという宗教的な観念、ラテン語ではこれを religio athletae と申しますが、それはたいへんゆっくりと選手たちの精神に浸透してまいりました。それらの実践は、いまだ多くの場合無意識のうちになされるばかりです。しかし、それも徐々にあらわになってくるでしょう。

文明化された国々において形成途上にある新たな人間社会の基盤には、インターナショナリズムと民主主義ばかりではなく、それに関心を持つ科学もあります。進歩を続ける科学は、人間に肉体をきたえ、体質を改善し、矯正する新たな方法や、自分勝手ができるところであるからといって、ともすると放置されてしまいがちな調子はずれの情動から身体を引きはがす方法をもたらしました。

　オリンピズムの第二の特徴は、貴族たるべきこと、選良《エリート》たるべきことです。しかし、申すまでもなく、この「貴族」というのは完全なる平等に起源をもち、各個人の肉体的な優位性や体をきたえようとする意志によってある程度は達しうる筋肉増強の可能性によって規定されるものです。すべての若者が、アスリートたるべく定められているわけではありません。やがては、公私にわたる衛生の改善、民族の改良を視野に入れた賢明な政策などによって、強度のスポーツ教育を受けるに足る人々の数が大きく増大することは、疑うべくもないと思われます。それが各世代の半分ないしは三分の二にまで達することも、あり得ないことではありません。現状は、どこの国でもその状態からはほど遠いのですが、しかし、もしもそのような状態が達成できたとしても、そうした若きアスリートたちのすべてがオリンピックに出場し、世界記録を競うことができるというわけではありません。この間の事情について、わたしは次の法則によって説明し（すでに各国語に訳されていますが）、これがほとんど世界中から、とくに意識しないほどまで自然に受け入れられています。「百人が体育に親しむには、五十人がスポーツを行う必要がある。五十人がスポーツを行うには、二十人が専門家である必要がある。二十人が専門家となるには、五人が目の覚めるような技法を示せなければならない」

　当たり障りのないように自粛を強いる体制にスポーツを閉じ込めることは、無可有郷《ユートピア》を探せというように等しいないものねだりです。スポーツの実践者に必要なのは「過剰への自由」です。それゆえに次の標語があります。CITIUS, ALTIUS, FORTIUS. つねに、より早く、より高く、より強く――これは、あえて記録を破ろうとする者のための標語です。

　しかし、選良であるだけでは十分ではありません。この選良は、また同時にある種の「騎士」でなければならない。騎士とは、まずなによりも武器の同類であり、勇敢なる男たちであり、もとより強い結びつきであった同志愛よりもさらに強い絆で結ばれている。同志愛の基盤には相互扶助の観念がありますが、騎士にあっては、その上に競争の観念、努力への愛ゆえの努力と努力との対決、礼節はあるが激越な闘争の観念が重なり合ってきます。これぞまさしく、古代オリンピックの精神の純粋な原理にあたるところです。国際的な競技の場でこの原理を展開してゆくとなれば、どれほど大きな波及効果が出てくるかは、容易に見て取れるだろうと思います。四十年前、近代オリンピックによってこの原理にもとづく行動を復興しようとしたとき、わたしはなにか幻影にでも取り憑かれているのではないかと思われたものでした。しかし、次第に明らかになってきたのは、この原理は四年に一度のオリンピック大会の厳粛な環境の中において存在しうるばかりではなく存在すべきであるということ、さらにまた、オリンピックほど厳粛ではない場所でも、すでに姿を明らかにしているということです。その進化は国から国へ、ゆっくりと、とだえることなく伝わっております。いまや、その影響は観客自身にも及ぶ必要がありますが、すでに一部ではそれが実を結んでいる。さしずめ、パリで先だっての三月十七日に行われたサッカーの試合などがよい例です。ああいった状況下では――ましてやオリンピック大会ともなれば――喝采はもっぱら技の素晴らしさに比例して上がってくるのであって、お国びいきなどは度外視されてしまいます。偏狭なお国びいきなどはすべて一時休戦とし、言わば棚上げとされるべきなのです。

休戦の観念、ここにもオリンピズムのひとつの要素があります。それは周期《リズム》の観念と密接に結びついています。オリンピック大会は、天文学的な厳粛な周期のもとに開催されるべきです。それは人間の春を示す四年ごとの祭典で、人間の世代間の継承に敬意を示しているからです。それゆえに、この周期は厳密に守られなければならない。古代の場合と同様、現代でも予期せぬ事態の発生のため、あるオリンピアードを大会開催によって祝福できない場合は起こりえますが、オリンピアードの順序も回数も変更するわけにはいきません。

さて、人間の春というのは子どものことでもなければ「青年《レフェーブ》」のことでもありません。現在、すべての国とはいわないまでも多くの国々で、たいへん大きなあやまちが犯されています。それは、子どもに重きを置き、そこにひとつの自律性を認めるのあまり、過度で時期尚早な特権を認めてしまうことです。そうすることで時間を確保して、生産活動に従事する期間を引き延ばすことができると信じられているのです。これは「時は金なり」の間違った解釈によるものでして、この格言はひとつの民族なりひとつの文明なりから生じたものと言うよりも、ひとつの国民――すなわちアメリカ人――が現在謳歌している、多産な機会をもった例外的な一時代に対してのみ、あてはまるものです。

人間の春とは、若い青年の中に表現されています。それはあたかも、すべての部品が巧妙にしつらえられ、まさにこれから全力で動きはじめようとする機械設備にたとえることができるでしょう。オリンピック大会が開催され、その周期を作り出し、維持してゆくべきなのは、ここに敬意を表するためにです。というのも、来たるべき未来をつくり出し、過去と未来の調和を図ることは、かれら青年たちの手にかかっているからです。

この趣旨のために、ある固定した定期的な間隔を置いて、抗争や論争や誤解を一時棚上げにすることを宣言する。このことほど若人たちに敬意を表すにふさわしい方法があるでしょうか。人間は天使ではありませんし、少数の者が天使になれるという考え方もわたしは信じません。しかし、本当に強い人間というのは、自分自身に強い意志を課することができ、集団に対して利益や支配欲、所有欲の追求を、たとえ合法的なものであれ、停止することを求めることができます。わたし自身の考えでは、戦争のただ中でも、フェアで礼節を守ったスポーツの試合を挙行するために、敵味方双方が一時的に戦闘を中断することができれば、こんなにすばらしいことはありません。

ここまで申し上げてまいりましたことから、真のオリンピックの英雄とは、わたしの考えるところでは、個人の成人男子であるという結論になります。それでは、チーム競技は排除されるべきでしょうか。その排除は不可欠というわけではありません。古代のオリンピズムにあったのと同様に、近代オリンピズムのいまひとつの本質的な要素として、アルティスすなわち聖域の存在が認められればよろしい。かつてオリンピアでは、アルティスの外で、じつに多くの行事が行われていました。すべて集合的な活動はその周囲で行われていましたが、その中へ入る権利は有しなかった。アルティスそのものは、神に身を捧げ、純化され、主要な競技への出場を許されたアスリートたちだけに取り置かれた奥の院のような存在で、そこでアスリートたちは、筋力という宗教のいわば司祭となり、祭式執行者となるのです。それと同じように、近代のオリンピズムはその中心に一種のモラルのアルティス、聖なる城砦を有しており、そこにはすぐれて雄々しいスポーツの選手たちが、みずからの力を競うために集まってきます。それらのスポーツは人間の擁護をねらいとし、その制御はスポーツ自身の上に、危険やさまざまな要因、動物、生活の上にまで及びます。体操選手、走者、騎手、水泳選手とボート選手、フェンシング選手、レスリング選手たちのスポーツがそれにあたります。そうして、その周辺を取り巻くその他のあらゆるスポーツ的活動で組織化が望まれているものは——サッカーその他の競技会や団体競技などがこれにあたりますが——希望に応じた敬意が払われるでしょうが、それはあくまでも二義的なものです。それと同様に、必要と認められる限りにおいて、女性も参加できます。わたしの個人的な考えでは、公開の場で行われる試合への女性の参加は認めたくありません。それは、女性がさまざまなスポーツの実践を差し控えるべきだということではなく、見世物となってはいけないということです。オリンピック競技大会において、女性にとりわけふさわしい役割といえば、いにしえの競技会においてそうであったように、勝者に栄冠を授けることです。

そして最後の要素として「美」があります。芸術と思想が大会に参加するのです。そもそも、「精神」を招かずして人間の春の祭典を開催することが可能でしょうか。しかし、この設問からは、筋肉と精神との相互作用、それら相互の関係と共同の在り方がいかなるものであるべきかという高度な問題が生じてまいります。

おそらく精神の方に主導権があって、筋肉はその器にとどまるべきなのでしょう。ただし、それは精神が芸術や文学作品によって最高度に育まれた状態にある限りにおいてのはなしで、あたかも現今の国際関係にみられるごとく、たえず増大するあつかましさで、文明や真実や人間の尊厳をないがしろにしつづけることを許容する低劣な精神などは論外です。

企画書を拝見させていただいたところ、第十一回オリンピック大会の幕開けが、ベートーヴェンの交響曲第九番の比類なき合唱の大規模で、もっともすばらしいコーラスによって飾られるということを知りました。わたしにとって、これほど喜ばしいことはありません。このフィナーレは、こどものころからわたしを感激させ、熱狂させてきたからです。このハーモニーには、神との交感を感じさせるものがあります。望むらくは将来、若者たちの希望とよろこびの力をみごとに歌い上げる合唱曲が出来て、それがすこしずつオリンピック大会の光景に花を添えるようになれば、すばらしいと思います。さらに望むらくは、大会開催にちなんで企画されるさまざまなイヴェントの中で、歴史が詩とならんで優越的な席を占めるようになることです。それが自然なことであるのは、オリンピズムが歴史に属しているからです。オリンピック大会の開催は、すなわち歴史を呼び起こすことなのです。それはまた、もっともよく平和を保障することにもつながりうるのです。人民に相互に愛し合えと求めることは、児戯に等しいやり方にすぎません。しかし、相互に敬意を払うことを求めることは、ないものねだりではありません。敬意を払うには、まず相手を知る必要があります。これから教えられるべき世界史は、百年の単位で正確さと地理的にも公平を期したもので、それのみが本当の平和の本当の基礎になります。

わが人生も暮方をむかえております。第十一回オリンピック大会が間近になった折にちなんで、わたしの願望について表明させていただいたことに感謝を申し上げるとともに、わたしの信念が若い頃から将来に至るまで不動であると申し上げておきたいと思います。

解題

本書は「近代オリンピックの父」ピエール・ド・クーベルタン（一八六三〜一九三七）が、その晩年にあたる一九三一年に、みずからのオリンピックとの関わりを記した回想録の全訳である。既訳として、一九三二年ロサンゼルスオリンピックのメダリストであった大島鎌吉氏による独訳からの重訳が、一九六四年の東京オリンピックの約二年前に刊行されたことがあるが、これはすでに入手困難になって久しい上に、重訳に特有の文意不明の箇所も散見されるので、フランス語原文からの新訳をこころみた。発想が次々と飛躍するクーベルタンの文章を理解可能な日本語に移し替える作業には、思いのほか時間がかかり、今回の東京二〇二〇大会開催前に刊行できなかった訳者の菲才を了とせられたい。

翻訳の底本としては二〇一六年に Bartillat 社から復刻された Mémoires olympiques を使用したが、明らかに数字の誤植と思われるところも何箇所か存在するので、ウィキソースで確認できる Bureau International de Pédagogie Sportive のオリジナルや英訳などを参照して訂正を加えた。

「近代オリンピズムの哲学的基礎」は、他界する二年前にドイツからの要請でフランス語で行われたラジオ講演の原稿である。これは、クーベルタンの考え方を端的に知ることができるものとして、現在でも引用される機会が多いので、大島氏による既訳の構成に倣い、ここに併載することとした。こちらのテクストは、ヴァイドマンの三巻本『クーベルタン著作集』第二巻所収の本文を底本としている。

東京二〇二〇大会の一年延期や開催そのものに関して賛否両論が存在したことは記憶に新しいが、大会の開催に関わる発言において、クーベルタンの言葉や理念への言及については、賛否いずれの側からも、断片的な孫引きによるものしか見られなかったのは残念であった。主張はできる限りオリジナルに近いところまでさかのぼって確認する必要がある。「近代オリンピックという運動」の草創期の軌跡とクーベルタン自身の考え方がいかなるものであったのかについて知るための第一級の資料として、本書を御活用いただければさいわいである。

最後に、この訳書成立にあたり、監修をはじめ、さまざまな御助力をいただいた日本オリンピック・アカデミーオリンピック研究委員会クーベルタン研究部門メンバーの面々――とくに多くの助言をいただいた和田翻訳室の和田恵子さんに、この場を借りて感謝の意を表します。

二〇二一年十一月

伊藤　敬

年表――クーベルタンのおもな歩みと日本との関わりを中心として

1863	1月1日　パリに生まれる。同時期の日本では、同年に岡倉天心、前年に森鷗外、1860年に嘉納治五郎が生まれている。
1874	イエズス会系のコレージュ聖イグナチウス自由学園に入学する。
1880	士官学校に入学するが、すぐに退学。政治高等学院に入学する。
1883	イギリスのラグビー校を訪問し、強い印象を受ける。
1890	イギリスの「ウェンロック・オリンピック」を視察。
1892	11月「競技スポーツ連合記念会議」でオリンピック復興を提言するが、具体的な賛同までは得られなかった。
1894	6月「オリンピック競技大会復興会議」により、オリンピック復興が具体化。正式決定の6月23日が現在も「オリンピックの日」となっている。
1896	アテネで第一回近代オリンピック大会開催。大会終了後にIOC会長に就任。
1900	第二回オリンピック・パリ大会開催。

1904	第三回オリンピック・セントルイス大会にクーベルタンは参加しなかった。
1909	嘉納治五郎をアジア人初のＩＯＣ委員に迎える。
1912	第五回オリンピック・ストックホルム大会。日本はこの大会に初参加。
1914	ＩＯＣ二十周年総会でオリンピックシンボル（五輪マーク）正式に決定。 この年、第一次世界大戦が勃発。
1915	ＩＯＣ本部をスイスのローザンヌに移転。
1916	第六回オリンピック・ベルリン大会は戦争で中止となる。
1920	第七回オリンピック・アントワープ大会開催。
1924	この年から冬季オリンピック開催。
1925	ＩＯＣ会長を辞め、終身名誉会長となる。
1931	『オリンピック回想録』出版。
1936	第十一回オリンピック・ベルリン大会開催。次期オリンピック開催地に東京が選ばれる。
1937	9月2日、スイスジュネーブの公園で倒れ、同日逝去。
1938	5月4日嘉納治五郎逝去。7月16日、日本は東京オリンピックを辞退する。

ピエール・ド・クーベルタン
Pierre de Coubertin（1863年1月1日－1937年9月2日）
フランスの教育者、貴族（男爵）。スポーツを通じた若者の教育を構想し、近代オリンピックを提唱。1894年に国際オリンピック委員会（IOC）を創設した。

伊藤 敬（いとう　けい）
1957年生まれ　学習院大学文学部フランス文学科卒、慶應義塾大学大学院文学研究科中退。日本オリンピック・アカデミー会員。専攻フランス文学、思想史、図書館学。近刊予定にガブリエル・ノーデ『図書館創設のための提言』新訳。

日本オリンピック・アカデミー（JOA）
ギリシャに本部を持つ国際オリンピック・アカデミー（IOA）を頂点とする世界各国・地域の国内アカデミーの1つ。オリンピックの思想や歴史の研究、オリンピズムの普及やオリンピック教育を行うNPO。設立は1978年。

監修／日本オリンピック・アカデミー
オリンピック研究委員会
クーベルタン研究部門
田原淳子、伊藤　敬、大野益弘、
佐塚元章、中塚義実、來田享子、
和田恵子、和田浩一

ピエール・ド・クーベルタン オリンピック回想録

2021年12月10日　初版第1刷発行

著　者　ピエール・ド・クーベルタン
訳　者　伊藤 敬
監　修　日本オリンピック・アカデミー
発行人　磯田 肇
発行所　株式会社メディアパル
〒162-8710 東京都新宿区東五軒町6-24
TEL.03-5261-1171　FAX.03-3235-4645

印刷・製本　株式会社堀内印刷所
Printed in Japan
ISBN978-4-8021-1061-7　C3075